Helios Media
Bibliothek

W0196792

Günter Bentele | Lars Großkurth | René Seidenglanz
Profession Pressesprecher – Vermessung eines Berufsstandes
Berlin: Helios Media GmbH, 2005
ISBN: 3-9810024-3-1

Herausgeber: Bundesverband deutscher Pressesprecher e.V.

1. Auflage September 2005

Helios Media GmbH
Friedrichstraße 209
D – 10969 Berlin
Tel +49 (0) 30 / 84 85 90
Fax +49 (0) 30 / 84 85 92 00
info@helios-media.com
www.helios-media.com

Lektorat: Melanie Breunlein, Kristina Zimmermann
Umschlaggestaltung, Satz und Layout: Silke Schneider
Umschlagfoto: Marco Urban
Druck: Print&Media,
Möllerdamm 3, 18337 Dänschenburg

Printed in Germany

Günter Bentele | Lars Großkurth | René Seidenglanz

Profession Pressesprecher

Vermessung eines Berufsstandes

Herausgeber: Bundesverband deutscher Pressesprecher e.V.

Inhalt

Anhang

Vorwort

Konturen für die Imagemacher

Kaum ein Beruf in unserer Gesellschaft ist so stark dem Wandel ausgesetzt, wie der des Pressesprechers. Denn jener bildet die Schnittstelle zwischen seiner Organisation und der Öffentlichkeit. Damit reitet er auf der Welle des gesellschaftlichen Wandels. Mehr noch: Er muss diese Veränderungen begreifen und ihnen mit seiner Kommunikation Rechnung tragen. Kaum ein Trend blieb in den vergangenen 20 Jahren ohne Einfluss auf die tägliche Arbeit des Pressesprechers: Der rasante technische Fortschritt beschleunigt alle Kommunikation, macht sie unabhängig von Raum und Zeit, was bisweilen Fluch und Segen zugleich ist. Gesellschaftliche Trends und politische Umbrüche gestalten die Bedingungen des kommunikativen Handelns neu. Nicht zuletzt schreitet die Medienkonzentration weiter fort. Gepaart mit wirtschaftlich bedingten Einsparungen in Redaktionen verändert sie den Rahmen, in dem Pressesprecher agieren. Sind wir darauf vorbereitet? Ist unsere Profession gerüstet für die Herausforderungen von morgen? Oder gehen wir diese mit den Tools von gestern an?

Nehmen wir die globale Perspektive. Wir leben heute in einem globalen Dorf. Große Unternehmen haben das zum Teil schmerzhaft erfahren. Doch auch für Parteien, Verbände oder Mittelständler gilt: Jede Krise kann sehr schnell globale Ausmaße annehmen. Der Plan eines wenig bekannten Caterers am Londoner Flughafen Heathrow, Stellen abzubauen, löste kürzlich binnen Minuten eine globale Transportkrise aus. Tausende Businessmeetings platzten, Zehntausende Urlauber wurden in ihrer Reisefreude nachhaltig beeinträchtigt, als Mitarbeiter einer britischen Fluglinie aus Solidarität streikten.

Ein anderes, diesmal fiktives Beispiel: Sonntag morgen, acht Uhr. Das Diensthandy der Pressesprecherin Veronika Meier klingelt. Am anderen Ende der Leitung: eine Filiale des Einzelhandelskonzerns, für den die 33-Jährige arbeitet. Da der Filialleiter seinen Vorgesetzten nicht erreicht hat, ruft er in der Zentrale an. Am Wochenende sind nur Mitarbeiter eines Sicherheitsunternehmens vor Ort, und die stellen den Anruf auf die einzige vorhandene Mobilnummer durch. So landet der Filialleiter bei Frau Meier.

Ein Erpresserbrief ist eingegangen. Produkte in fünf Supermärkten wurden angeblich vergiftet – irgendwo in Europa. Das Problem: Veronika Meiers Diensthandy klingelt mehrfach, dann geht die Mailbox ran. Die wird sie erst am Sonntagabend abhören, schließlich spricht ja sonst niemand drauf, und irgendwann muss man ja mal ausspannen.

Zum Ausspannen wird Frau Meier in den nächsten Tagen kaum kommen. In zwei Stunden geht bei einer Nachrichtenagentur eine Kopie des Erpresserbriefes ein. Damit beginnt eine Informations- und Kommunikationskaskade, an deren Ende sich das Unternehmen womöglich in einer handfesten strukturellen Krise befindet – und die Pressesprecherin vielleicht ihren Job verliert. Denn ein Sündenbock muss her in solchen Situationen.

Sofortstrategie oder Kurssturz

Vielleicht hätte man die Eskalation vermeiden können, wenn Frau Meier ans Handy gegangen wäre oder man zuvor die permanente Erreichbarkeit sichergestellt hätte, etwa durch effizientere Teamstrukturen. Vielleicht aber auch nicht. Fest steht jedenfalls: Wir leben in einer 24-7-Gesellschaft , die kein Arbeitszeitende kennt und in der es keine lokale Begrenzung von Problemen mehr gibt.

Eine ebenso neue Erfahrung für die Kommunikatorin, die viele ihrer Kollegen in vielen Branchen ebenfalls schon gemacht haben: Nichts bewegt Kapitalmärkte so sehr wie die Aussicht auf einen saftigen finanziellen Verlust. Das Szenario könnte so weitergehen: Kaum eine Stunde nach der ersten Agenturmeldung ruft der Manager eines Investmentfonds bei Veronika Meier an, der drei Prozent an dem Einzelhandelsunternehmen hält. Was los sei, wollte er wissen, und wie ihre Strategie gegenüber den Finanzmärkten aussehe. Ehe sie darauf verweisen kann, dass sie Montag morgen ein Meeting mit dem IR-Chef plant, kommt schon der gnadenlose Halbsatz: „…werden wir unsere Anteile in zwei Stunden verkaufen." Für Meier heißt das: Sofortstrategie oder Kurssturz. Und es zeigt: Bei jeder Krisen-PR muss die Unternehmenskommunikation auch die Sensibilitäten institutioneller Investoren und die Volatilitäten globaler Finanzmärkte berücksichtigen.

Hinzu kommt, dass Informationsmärkte sich heute schon in beträchtlichem Maße ins Internet verlagert haben. Der Hype über Chancen und Risiken des Blogging wurde abgelöst durch eine Debatte über die Möglichkeiten des Webcasting. Kommunikatoren können elektronische Medien binnen Minuten mit O-Tönen versorgen. Klar ist auch: Wer den Wettbewerb um die medialen Möglichkeiten nicht offensiv annimmt, hat ihn unter Umständen schon verloren. Dieser gewaltige Wandel macht Kommunikation zu einer Kernmanagementdisziplin. Heute gehört zu jeder strategischen Managemententscheidung ein Kommunikationsplan. Und Stimmen mehren sich, dass dieser genauso wichtig ist, wie das eigentliche Handeln. Sind wir darauf vorbereitet? Wie nehmen wir diese Herausforderungen an? Und wie sind wir Kommunikatoren in unseren Organisationen tatsächlich strategisch eingebunden? Aber es sind nicht nur die Medien, die durch das Internet beschleunigt agieren. Auch die unternehmenskritische Gegenöffentlichkeit organisiert sich online – und entwickelt ihre eigenen Foren. Auch die wachsende Bedeutung von NGOs ist nicht zuletzt auf die neuartigen Kommunikationsmöglichkeiten des World Wide Web zurückzuführen. So konnte die Organisation Attac seit ihrer Gründung 1998 über 90.000 Mitglieder in 50 Ländern gewinnen. Mit Kundgebungen und Informationsständen allein wäre dies in so großer Geschwindigkeit nicht möglich gewesen.

Neue Netzwerke

Auch jenseits des Internet weist die Kapitalismus- und Unternehmenskritik heute netzwerkhafte Strukturen auf – und zwar weltweit (vgl. Castells 1996). Organisationen und Institutionen sehen sich einem permanenten Rechtfertigungszwang ausgesetzt. Konsumenten sind kritischer und besser informiert denn je. Unsere Sprecherin aus dem Beispiel muss damit rechnen, dass die Erpressung binnen Stunden in Konsumentenforen in ganz Europa diskutiert wird. Liefert sie in den ersten Stunden nach dem Bekanntwerden des Vorfalls die richtigen Antworten in eben diesen Foren, kann sie Schaden minimieren – wenn nicht, dann folgt der Konsumentenboykott.

Dies sind exemplarisch einige Trends, die die Arbeitsinhalte von Pressesprechern maßgeblich verändert haben. Die Liste ließe sich beliebig verlängern. Die Herausforderungen sind dadurch gewachsen und damit auch der Wert von Kommunikation. Die Antwort auf die zentrale Frage, ob die Verantwortlichen darauf vorbereitet sind, scheitert bislang auch an der mangelnden Transparenz des Berufstandes. Kaum ein Beruf ist so wenig standardisiert und beschrieben. Wie wenig stichhaltige Informationen vorliegen, erscheint bei dem kaum mehr bestrittenen Bedeutungszuwachs kommunikativer Arbeit geradezu paradox. Die, deren Aufgabe es ist, Transparenz zu schaffen, hüllen sich teilweise in Nebel und vollziehen in vielen Bereichen Blindflüge.

Imagearbeit für Pressesprecher

Hier glaubhaft und nachhaltig für Verbesserung zu sorgen, ist eine Aufgabe des Bundesverbandes deutscher Pressesprecher. Wir haben uns deshalb vor einigen Monaten entschlossen, gemeinsam mit Professor Günter Bentele und René Seidenglanz von der Universität Leipzig die zentralen Fragen zu analysieren. Erklärtes Ziel war, dem diffusen und oft diffus negativen Medienbild der Pressesprecher entgegenzuwirken. Wir haben uns gefragt: Wer sind eigentlich die Pressesprecher von heute? Welchen Hintergrund haben sie, wie arbeiten sie, was verdienen sie? Sind unsere Forderungen nach exzellent ausgebildeten, multilingualen Kommunikationsmanagern vielleicht schon erfüllt?

Antworten finden Sie in dieser Studie. Ich möchte an dieser Stelle keine Ergebnisse vorwegnehmen. Lassen Sie mich nur eines sagen: Sie werden viel Überraschendes lesen, in vielerlei Hinsicht. Am Anfang jeder Veränderung und Weiterentwicklung steht eine sorgfältige Analyse. Diese ist für zielgerichtete Maßnahmen unverzichtbar. Wir möchten mit dieser Studie eine erste Basis für die Weiterentwicklung der Profession schaffen. Wir möchten Pressesprechern die Möglichkeit geben, sich innerhalb des Berufsstandes einzuordnen, sich mit Kollegen zu vergleichen und von ihnen zu lernen. Ein Ziel der Arbeit von Pressesprechern ist es, ihr Berufsfeld in Unternehmen und anderen Organisationen durch tägliche gute Arbeit zu legitimieren und etablieren. Dabei möchten wir Sie im Bundesverband deutscher Pressesprecher unterstützen. Mit der Veröffentlichung dieser Studie sind wir ein gutes Stück des Weges vorangekommen.

Lars Großkurth
Leiter Kommunikation und Presse, Reemtsma Cigarettenfabriken
Präsident, Bundesverband deutscher Pressesprecher (BdP)
(lars.grosskurth@pressesprecherverband.de)

Einleitung

69 Prozent der 672 Pressesprecher und Kommunikationsverantwortlichen, die sich als Mitglieder des Bundesverbandes deutscher Pressesprecher an der Studie beteiligt haben, stellen Zufriedenheit oder sogar große Zufriedenheit mit dem Verband fest. Ein erfreuliches Ergebnis, kann ich als Nicht-Mitglied und als der für diese Studie verantwortliche Wissenschaftler feststellen. Zu den Aufgaben eines Berufsverbandes zählt auch die Analyse des Berufsfeldes, der Entwicklungen und Probleme, die die Professionsangehörigen „umtreiben". Von daher habe ich es begrüßt, dass der Vorstand des BdP mit seinem Präsidenten Lars Großkurth eine solche Studie initiiert und bei dem Leipziger Uni-Team in Auftrag gegeben hat. Eine Reihe von – wie ich denke – interessanten Ergebnissen zeigen die Konturen des Berufsfeldes, wie es im BdP organisiert ist, nun etwas genauer. Einige Ergebnisse machen nachdenklich, andere regen zur Diskussion und zum Dialog an. Themen wie das berufliche Selbstverständnis, Ausbildung oder Berufsethik sind im Rahmen der Professionalisierungsprozesses auch Zukunftsthemen, die kein Verband links liegen lassen kann, will er ernst genommen werden. Ich hoffe, dass die Zufriedenheit mit dem BdP durch die Tatsache, dass Strukturen, Meinungen und Einschätzungen seiner Mitglieder nunmehr deutlicher geworden sind, noch weiter zunehmen kann.

Ich wünsche allen Lesern die nötige Zeit für eine manchmal sogar spannende Lektüre und viele Anregungen für berufliches Handeln und künftige Aktivitäten des Verbandes.

Prof. Dr. Günter Bentele
Lehrstuhl Öffentlichkeitsarbeit/PR
Universität Leipzig
(bentele@uni-leipzig.de)

Die Studie

1.

Profession Pressesprecher:
die Berufsfeldstudie 2005

1.1 Wo stehen wir heute? Ein Berufsstand wird vermessen

Das öffentliche Bild vom Beruf des Pressesprechers ist diffus. Selbst innerhalb des Berufsfeldes herrschen oft widersprüchliche Ansichten darüber, was es eigentlich kennzeichnet, welche Aufgabenbereiche und Tätigkeiten ihm zuzuordnen sind. Die Grenzen sind unscharf und die Sichtweisen vielfältig. Dementsprechend existieren in der Praxis und in verschiedenen Organisationen teilweise sehr unterschiedliche Bilder vom Beruf des Pressesprechers. Dieses Bild schärfer zu zeichnen, den Berufsstand zu „vermessen", gehört damit zu den entscheidenden Größen im Prozess seiner weiteren Professionalisierung. Gleiches gilt für den Weg zu einer noch stärkeren Profilbildung innerhalb von Organisationen und der gesamten Gesellschaft.

„Pressesprecher" ist der vom Bundesverband deutscher Pressesprecher verwendete Oberbegriff für diesen Berufstand. Er kennzeichnet damit im Wesentlichen die für die Kommunikation einer Organisation in verschiedener Weise verantwortlichen Akteure. Andere Oberbegriffe für dieses Berufsfeld sind: Public Relations, Öffentlichkeitsarbeit und Organisationskommunikation. Im internationalen Kontext machen Pressesprecher (Speakers oder Spokespersons) einen wichtigen Teil, aber eben nur einen Teil des Berufsfeldes aus. Wir verwenden im Folgenden auch den Oberbegriff Public Relations/Organisationskommunikation (abgekürzt PR/OK), um die entsprechenden Abteilungen und einzelne Akteure zu bezeichnen, die sehr verschiedene Berufsbezeichnungen haben. Unter Public Relations beziehungsweise PR/OK verstehen wir – wie international üblich – das Management von Informations- und Kommunikationsprozessen zwischen Organisationen und ihren Teilöffentlichkeiten. Dazu zählen wir unter anderem Presse- und Medienarbeit, interne Kommunikation, Lobbying, strategische Unternehmenskommunikation oder Investor Relations.

PR/OK ist das Management von Informations- und Kommunikationsprozessen zwischen Organisationen und ihren Teilöffentlichkeiten.

Im Vergleich zu anderen Berufsständen, zum Beispiel Ärzte, Juristen, Wissenschaftler oder Architekten, ist das Berufsfeld der Organisationskommunikatoren eine junge Profession. Profession – das meint einen Beruf mit eigenen Ausbildungswegen, einem eigenen „body of knowledge", das auf wissenschaftlich fundierten Ansätzen basiert und auf einer Berufsethik. Weltweit sind bereits mehrere Hunderttausend Praktiker im Bereich der Organisationskommunikation tätig, und in den vergangenen Jahrzehnten hat sich ein hoch professionelles und standardisiertes Instrumentarium in vielfältigen Arbeitsbereichen herausgebildet. Spezifische Wissenschaft und Ausbildung arbeiten oft auf hohem Niveau. Der Berufsstand hat jedoch ungeachtet dessen seine Professionalisierung – und damit auch die Suche nach einem allgemein akzeptierten und geteilten Selbstverständnis – bei weitem noch nicht abgeschlossen.

Aus einem solchen Selbstverständnis resultieren Richtwerte: Welche Kompetenzen und welcher Stellenwert sind für einen Pressesprecher innerhalb einer Organisation strategisch optimal? Welcher Einfluss auf die Organisationspolitik steht ihm zu? Es lässt sich die Frage nach der Bedeutung des Berufsfeldes nach innen und außen ableiten und letztendlich auch die nach dem Platz der Organisationskommunikation in der Gesellschaft.

Systematisch durchgeführte Berufsfeldstudien sind ein wichtiger Baustein zur Beschreibung und damit auch Professionalisierung des Berufsfeldes Public Relations.

International arbeiten Wissenschaft und Berufsverbände daran, das Berufsfeld zu beschreiben, zu definieren und einzugrenzen. Der Weg zu einem solchen Selbstverständnis ist mitunter lang und schwierig. Er erfordert theoretische Basisarbeit ebenso wie ein gelebtes und angewandtes Wissen darüber, was den Berufsstand kennzeichnet und ausmacht. Die Vermessung des jeweiligen Ist-Zustandes spielt auf diesem Weg eine entscheidende Rolle. „Wo stehen wir heute?" – eine häufig gestellte Frage auf Tagungen und Kongressen, bei Symposien und Seminaren der Kommunikationsbranche. „Wie weit sind wir, und wo müssen wir ansetzen?" Systematisch durchgeführte Berufsfeldstudien sind demnach ein wichtiger Baustein zur Beschreibung und damit auch Professionalisierung des Berufsfeldes PR/Organisationskommunikation.

Im deutschsprachigen Raum gibt es einige fachbezogene Berufsfeldstudien. Eine Reihe wertvoller Erkenntnisse erbrachten dabei Untersuchungen, die sich auf ausgewählte Branchensektoren beziehen. Aktuell hat beispielsweise der Börsenverein des Deutschen Buchhandels eine Studie zum Berufsbild des Verlagspressesprechers vorgelegt.[1] Andere Arbeiten konzentrieren sich auf ausgewählte Perspektiven im Berufsfeld: Die Studie von Anke Zühlsdorf (2002) fokussiert zum Beispiel auf gesellschaftsorientiertes PR-Management, die Untersuchung von Nikodemus Herger

---

[1] Vgl. Börsenverein 2005.

(2004) auf strategisch-organisatorische Aspekte. Martina Becher (1996) setzte in ihrer Arbeit vor allem bei ethischen Problemen und Fragestellungen an, Klaus Merten (1997) konzentriert sich in seiner 1996er Untersuchung vor allem auf Anforderungsprofile an PR-Tätige. Eine neue Studie unter der Leitung der Münchener Professorin Romy Fröhlich setzte sich vor allem mit geschlechtsspezifischen Fragen im PR-Berufsfeld auseinander.[2]

Eine ganze Reihe von Untersuchungen konzentriert sich auf organisatorische Teilbereiche: beispielsweise Stefan Riefler (1988) auf PR-Agenturen und freie Berater oder der Berliner Wirtschaftswissenschaftler Günther Haedrich auf Öffentlichkeitsarbeit in Unternehmen.[3]

BdP-Studie gibt neue Antworten auf die Frage: „Wo stehen wir heute?"

Eine der frühen, thematisch umfassenden und perspektivisch breit angelegten Berufsfeldstudien stammt von Frank Böckelmann. Er untersuchte Anfang der 90er Jahre Pressestellen in Wirtschaft, in Organisationen und bei der öffentlichen Hand unter vielfältigen Blickwinkeln.[4] Auch die für den Hamburger Raum repräsentative Untersuchung von Ulrike Röttger und die für die Schweiz repräsentative Studie von Jarren, Röttger und Hoffmann[5] streben eine breite und differenziertere Analyse des Berufsfeldes an.

Mit diesen ausgewählten Beispielen zur „Vermessung" des Berufsfeldes sei der Stand der Forschung umrissen, an den die vorliegende Untersuchung anknüpft und auf den sie sich bezieht. Sie soll damit einen weiteren Beitrag zur Erforschung der Branche der Pressesprecher und Organisationskommunikatoren leisten und damit neue Antworten auf die Frage geben: „Wo stehen wir heute?"

---

[2] Vgl. Fröhlich/Peters/Simmelbauer 2005.
[3] Vgl. Haedrich 1994.
[4] Vgl. Böckelmann (1991 a,b,c).
[5] Vgl. Röttger 2000; Röttger/Hoffmann/Jarren 2003.

1.2 Die Studie: Fragestellungen und Methodik

1.2.1 Fragestellungen

Zentrales Ziel dieser Studie ist es, ein plastisches Bild von Deutschlands Pressesprechern im Jahr 2005 zu zeichnen.

Will man eine Branche umfassend „vermessen", ist es entscheidend, von vornherein möglichst viele Aspekte zu berücksichtigen, die mit dem Beruf und seinen Angehörigen in Zusammenhang stehen. Somit bestand eines der wichtigsten Ziele dieser Studie darin, das Berufsfeld der Pressesprecher und Organisationskommunikatoren thematisch breit zu untersuchen, also unter möglichst vielen Dimensionen. Auf diese Weise sollte ein sehr plastisches Bild von Deutschlands Pressesprechern im Jahr 2005 gezeichnet werden. Wie ist die Berufsgruppe aufgebaut? Welche Ausbildung haben PR-Profis? In welchen organisatorischen Rahmenbedingungen ist die Kommunikation in Unternehmen und Institutionen eingebettet, und wie ist sie zu anderen Abteilungen abgegrenzt? Welche Aufgaben nehmen Pressesprecher in ihren Organisationen wahr, welche Ziele verfolgen sie, und wie hoch ist ihr Einkommen? Wie stellt sich das Verhältnis zu den Medienvertretern dar?

Das waren zentrale Fragen, die am Anfang der Untersuchung standen und die Gestaltung des Fragebogens leiteten. Auch Erkenntnisse zu Funktionen der Kommunikatoren für Organisationen, Medien und Gesellschaft insgesamt sollten gewonnen werden. Die daraus resultierenden Untersuchungsbereiche waren für die Entwicklung des Fragebogens Ausschlag gebend. Sie spiegeln sich auch in der Gliederung der vorliegenden Publikation wider. Untersucht wurden demzufolge die organisatorische und strategische Einbindung der PR/Organisationskommunikation (vgl. Kapitel 3), berufliche Position und berufliches Handeln (vgl. Kapitel 4) und die Zusammenarbeit mit Journalisten (vgl. Kapitel 5). Auch demographische Daten wie Alter, Geschlecht, Bildung und Daten zur arbeitgebenden Organisation wurden erhoben (vgl. Kapitel 2).

1.2.2 Methodik, Vorgehensweise und Repräsentativität

Grundlage der Studie „Profession Pressesprecher" bildete eine schriftliche Online-Befragung aller ordentlichen Mitglieder des Bundesverbandes deutscher Pressesprecher (BdP). Die Befragten waren demnach Verantwortliche für Kommunikation beziehungsweise für ein Arbeitsgebiet im kommunikativen Sektor von

Organisationen. Freie, externe Berater und Vertreter von PR-Agenturen waren deshalb nicht Gegenstand dieser Untersuchung. Vom 15. Juli bis 6. August 2005 war die Studie im Feld. Die Teilnehmer erhielten 45 Fragen und Fragekomplexe mit insgesamt 126 Einzelfragen. Angeschrieben wurden alle Vollmitglieder des Bundesverbandes (keine Fördermitglieder) – insgesamt 1.644 Personen. 672 Pressesprecher und Kommunikationsverantwortliche aus ganz Deutschland beteiligten sich an der Untersuchung. Das entspricht einer Beteiligung beziehungsweise einem Rücklauf von 41 Prozent, ein für schriftliche Befragungen nicht nur akzeptabler, sondern guter Wert. Die Ergebnisse sind für die Mitglieder des Bundesverbandes deutscher Pressesprecher repräsentativ, auch wenn man bestimmte Indikatoren (Gender-Verteilung oder Alter) hinzuzieht. Freilich stellen die BdP-Mitglieder nur einen – wenngleich wichtigen – Teil des gesamten Berufsfelds der Organisationskommunikation dar.

Der Begriff „Public Relations" beziehungsweise Organisationskommunikation umschreibt in dieser Studie das untersuchte Berufsfeld. Die Bezeichnung „Pressesprecher" umfasst zum Teil sehr verschiedene Aufgabengebiete innerhalb der Kommunikation einer Organisation. Auch darin liegt eine Ursache für das weitgehend diffuse Bild dieses Berufsstandes. Der deutlich weiter gefasste Ausdruck PR/Organisationskommunikation hingegen umreißt das Berufsfeld präziser. Er integriert explizit auch solche Kommunikationsverantwortliche, die ihren Tätigkeitsschwerpunkt nicht primär in den Media Relations sehen, sondern beispielsweise in anderen wichtigen Teilbereichen: Dazu zählen etwa Human Relations, übergeordnete strategische Aufgaben und (kommunikative) Organisationsführung.

Studienteilnehmer waren 672 Pressesprecher und Kommunikationsverantwortliche aus ganz Deutschland.

2.

Pressesprecher und Organisationskommunikatoren 2005

2.1 Alter und Geschlecht

Die befragten Mitglieder des BdP sind im Durchschnitt 40 Jahre alt. In dieser Altersgruppe finden sich auch die meisten Befragten. Die so genannte „Feminisierung" des Berufsfeldes wird schon seit Ende der 80er Jahre beobachtet. Immer mehr Frauen interessieren sich für Kommunikationsberufe – eine Tendenz, die auch an den Hochschulen zu beobachten ist. Mehrheitlich weibliche Studierende nutzen die Studienangebote in den Bereichen Kommunikationswissenschaft oder spezieller Public Relations. Aktuellen Studien zufolge liegt hier die Frauenquote bei bis zu 80 Prozent. Allerdings sind Frauen bislang vor allem in ausführenden und zuarbeitenden Bereichen des Berufsfeldes tätig – und zwar ganz unabhängig von ihrer Ausbildung. In Führungspositionen ist ihr Anteil immer noch deutlich geringer als der ihrer männlichen Kollegen.[6]

In Führungspositionen arbeiten immer noch deutlich weniger Frauen als Männer.

ALTERSGRUPPEN UND GESCHLECHT				Tabelle 1
Alter	**Gesamt**	**männlich**	**weiblich**	
unter 30 Jahre	5 (33)	3 (11)	8 (22)	
30 bis 39	47 (318)	43 (173)	54 (145)	
40 bis 49	35 (237)	39 (155)	30 (82)	
50 bis 59	11 (75)	14 (57)	7 (18)	
60 und älter	1 (7)	1 (5)	1 (2)	
keine Angabe	1 (2)	0 (0)	1 (2)	
Basis	672	401	271	

Anteil der Befragten in Prozent; in Klammern: Zahl der Befragten

Das bestätigt auch unsere aktuelle Studie. Eine Mehrheit von 60 Prozent der Befragten (401 Personen) ist männlich. Hier spiegelt sich exakt die Mitgliederstruktur des BdP wider: Unter seinen Mitgliedern – überwiegend Kommunikationsverantwortliche in leitenden Positionen – sind ebenfalls 40 Prozent Frauen und 60 Prozent Männer.

---

[6] Vgl. Fröhlich/Peters/Simmelbauer 2005.

Gleichzeitig bahnt sich unter den Befragten eine Veränderung dieser Gender-Struktur an. Bei den über 50-Jährigen sind es noch drei Mal so viele Männer wie Frauen. In der Altersgruppe der 40- bis 49-Jährigen ist das Verhältnis 2:1, während bei unter 40-Jährigen die Anteile fast gleich sind. So zeigt sich in den unterschiedlichen Berufsgenerationen der (quantitative) Trend zur Feminisierung ganz deutlich. Dass dieser auch mit Problemen verbunden ist, zeigt sich im Abschnitt 4.3, wenn es um Einkommen und Gehälter geht.

2.2 Die Organisation, der Arbeitgeber der Befragten

In welchen Organisationen arbeiten die Befragten? Wir haben uns an bewährten Klassifikationen orientiert und eine in der Forschung häufig gebrauchte Einteilung in drei Gruppen gewählt:

* Unternehmen
* Öffentliche und staatliche Institutionen (Organisationen des Bundes, der Länder, Landkreise, Kommunen, auch Organisationen der Exekutive, Legislative, Judikative sowie öffentliche Hochschulen und Kultureinrichtungen)
* Vereine, Verbände und andere Organisationen der öffentlichen Willensbildung (Wirtschafts- und Branchenverbände, Gewerkschaften, Umwelt- und Wohlfahrtsorganisationen sowie politische Parteien)

64 Prozent der Befragten sind in der Privatwirtschaft tätig.

In der Privatwirtschaft sind nach dieser Aufteilung 64 Prozent der Befragten tätig. 16 Prozent arbeiten in öffentlichen oder staatlichen Institutionen und 20 Prozent in Vereinen, Verbänden und Parteien.

Untersucht man darüber hinaus die Größe der arbeitgebenden Organisationen, so zeigen sich sehr starke Unterschiede zwischen den einzelnen Organisationsarten:

ORGANISATIONSGRÖSSE				Tabelle 2

Organisa-tionsgröße (Zahl der Beschäftigten)	Gesamt	Unternehmen	Öffentliche/ staatliche Institutionen	Vereine, Verbände, Parteien
bis 100	25	15	17	62
100 bis 499	25	24	31	25
500 bis 999	8	8	14	4
1000 bis 1999	9	9	16	2
2000 und mehr	32	43	21	7
Basis	n = 672	n = 431	n = 105	n = 136

Anteil der Befragten; Angaben in Prozent [7]

Zwischen den Organisationsarten zeigen sich beim Alter der PR-Experten kaum Unterschiede. Sie sind in allen drei Bereichen durchschnittlich etwa 40 Jahre alt.

2.3 Ausbildung

2.3.1 Ausbildungsniveau

Das Berufsfeld PR/Organisationskommunikation akademisiert sich. Diesen zentralen Trend heben Wissenschaft und Berufs-verbände in den vergangenen Jahrzehnten immer wieder hervor. Damit verbindet sich in erster Linie die Tatsache, dass sich der Anteil der PR-Praktiker mit einem – wie auch immer gearteten – Hochschulabschluss in diesem Zeitraum deutlich erhöht hat. Dem-gegenüber nimmt der Anteil derer stetig ab, die allein durch eine Berufsausbildung Zugang zu einer entsprechenden Tätigkeit erhal-ten haben. PR-Fachleute nehmen heute selbst journalistische Volon-tariate oder PR-Volontariate meist erst nach einem Studium auf.

Das Berufsfeld PR/Organisations-kommunikation akademisiert sich.

[7] Die Angaben sind in sämtlichen Abbildungen und Tabellen auf ganze Prozente gerundet. Differenzen zu 100 sind stets auf Rundungen der Einzelwerte zurückzuführen.

Tabelle 3

AUSBILDUNG				
Höchster Bildungs- abschluss	Gesamt	Unternehmen	Öffentliche/ staatliche Institutionen	Vereine, Verbände, Parteien
Haupt-/Real- schule	3	3	3	2
Abitur	10	10	11	9
Studium	78	78	74	80
Promotion	9	9	11	9
Basis	n = 672	n = 431	n = 105	n = 136

Anteil der Befragten mit entsprechenden Abschlüssen; Angaben in Prozent

87 Prozent der Befragten haben einen Hochschulabschluss.

In der aktuellen BdP-Studie haben 87 Prozent der Befragten einen Hochschulabschluss. Neun Prozent tragen einen Doktortitel. Insgesamt haben also nur 13 Prozent der Befragten keine akademische Ausbildung abgeschlossen. Dabei handelt es sich eher um ältere Befragte, was wiederum für die zunehmende Akademisierung des Berufsfeldes spricht.

Zwischen den verschiedenen Organisationsarten gibt es nur geringe Unterschiede im Ausbildungsgrad ihrer Kommunikationsverantwortlichen. Einzig die Zahl der PR-Profis mit Doktortitel ist in öffentlichen und staatlichen Institutionen geringfügig höher als in anderen Organisationsarten.

2.3.2 Studium

Darüber hinaus interessierte uns, welche Fachrichtungen die PR-Profis mit Hochschulausbildung studiert hatten. Dabei verzichteten wir auf die Option von Mehrfachnennungen und erfassten das schwerpunktmäßig studierte Fach. Dies ermöglicht im Nachhinein die Vergleichbarkeit mit anderen Studien. Bei mehreren absolvierten und abgeschlossenen Studiengängen wurden die Befragten gebeten, diejenige Studienrichtung anzugeben, auf die sie sich hauptsächlich konzentriert hatten. In einem Magisterstudiengang wäre dies beispielsweise das Hauptfach.

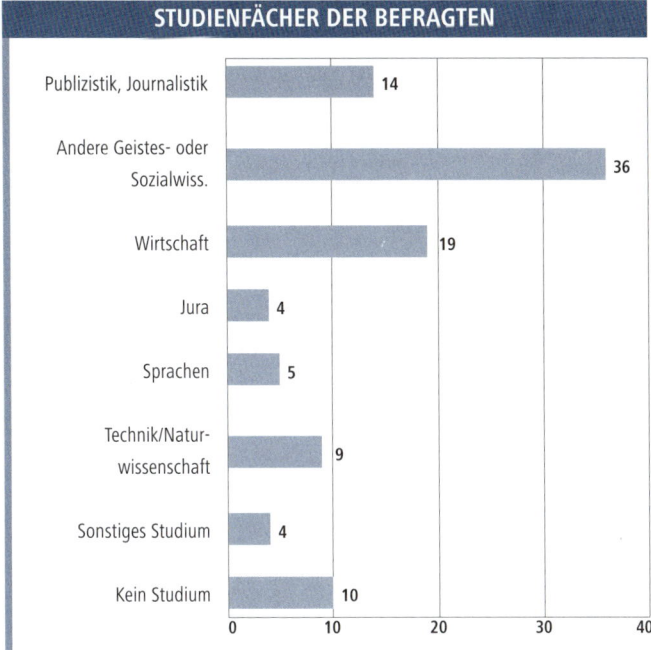

STUDIENFÄCHER DER BEFRAGTEN — Abbildung 1

- Publizistik, Journalistik: 14
- Andere Geistes- oder Sozialwiss.: 36
- Wirtschaft: 19
- Jura: 4
- Sprachen: 5
- Technik/Naturwissenschaft: 9
- Sonstiges Studium: 4
- Kein Studium: 10

Anteil der Befragten; Angaben in Prozent; n = 672

Etwa die Hälfte der Befragten hat sich demnach auf ein geisteswissenschaftliches Studium konzentriert. 14 Prozent aller Befragten haben sich dabei schon in ihrem Studium wissenschaftlich mit ihrem heutigen Berufsfeld auseinandergesetzt – also Journalistik, Publizistik oder Kommunikationswissenschaft studiert. Gegenüber den sozial- und geisteswissenschatlichen Abschlüssen spielen wirtschaftswissenschaftliche Abschlüsse eine deutlich geringere Rolle.

Die häufigsten Studienfächer der BdP-Mitglieder sind Sozial- und Geisteswissenschaften.

Tabelle 4

STUDIENFÄCHER DER BEFRAGTEN NACH ORGANISATIONSART

Studien-richtung	Gesamt	Unternehmen	Öffentliche/ staatliche Institutionen	Vereine, Verbände, Parteien
Studium der Kom-munikations- oder Medienwissen-schaft, Publizistik, Journalistik	14	16	11	14
Studium in einem anderen Bereich der Geistes-/Sozi-alwissenschaften	36	30	43	48
Wirtschaftswis-senschaftliches Studium	19	25	6	10
Rechtswissen-schaftliches Studium	4	3	5	7
Sprachwissen-schaftliches Studium	5	5	9	1
Technisches, natur- oder hu-manwissenschaft-liches Studium	9	8	11	10
Sonstiges Studium	4	4	7	4
Kein Studium[8]	10	10	11	8
Basis	n = 672	n = 431	n = 105	n = 136

Anteil der Befragten; Angaben in Prozent

Wirtschaftswissen-schaftliche Hoch-schulabschlüsse sind in Unternehmen am häufigsten anzutreffen.

Vergleicht man die Befragten nach der Organisationsart, in der sie tätig sind, so spiegelt sich dieses Gesamtbild jeweils wider. In öffentlichen beziehungsweise staatlichen Institutionen sind geisteswissenschaftlich geprägte Akademiker allerdings etwas stärker vertreten. Demgegenüber sind wirtschaftswissenschaftliche Hochschulabschlüsse bei Befragten in Unternehmen deutlich häufiger anzutreffen als etwa in Behörden. Allerdings ist in der Privatwirtschaft

---

[8] Eine geringfügige Differenz zu 2.3.1 ist offensichtlich auf fälschliche Eingabe durch einige Befragte zurückzuführen.

auch der Anteil derjenigen am höchsten, die schwerpunktmäßig ein Studienfach aus dem Bereich Kommunikation studiert haben.

VERGLEICH DER STUDIENFÄCHER VON LEITENDEN PR-PRAKTIKERN IN DEUTSCHLAND UND DER SCHWEIZ[9]

Tabelle 5

Höchster Bildungsab- schluss	Riefler (1987)[10]	Haedrich (1993)[11]	Merten (1996)[12]	Röttger et al. (2003)	Bentele/ Großkurth/ Seidenglanz (2005)[13]
Wirtschaft/Jura	49	51	35	32	28
Sozial-/Geistes-/ Sprach- und Kommunikati- onswissenschaft	39	28	56	52	60
Ingenieur- und Naturwissen- schaften	10	18	4	8	9
Sonstiges	2	2	5	8	4
Basis	n = 160	n = 242	n = 440	n = 134	n = 562

Anteil der Befragten in Leitungspositionen mit akademischem Abschluss; Angaben in Prozent

Vergleicht man mehrere Berufsfeldstudien miteinander, die in den vergangenen Jahren die akademische Ausbildung der PR-Prak-tiker erfasst haben, so zeigt sich eine interessante Entwicklung. Während 1987 und 1993 noch die Hälfte der Befragten Wirt-schaft oder Jura studiert hatten, ist dieser Anteil in den vergan-genen Jahren offensichtlich geschmolzen. Demgegenüber haben sich mehr PR-Praktiker auf ein geisteswissenschaftliches Studium konzentriert. Abgesehen von Einflüssen, die jeweils mit dem Un-tersuchungsdesign in Zusammenhang stehen, scheint es eine Ten-denz in Richtung Geistes- und Sprachwissenschaft zu geben. Da-ran haben gewiss auch Studiengänge wie Journalistik, Publizistik

Viele Hochschulen bieten inzwischen die Möglichkeit für eine wissenschaftliche PR-Ausbildung.

---

[9] Vgl. auch Röttger et al. 2003: 185. Um die Vergleichbarkeit zu gewährleisten wurden auch bei Röttger et al. nur die leitenden PR-Berufsinhaber in die Auswertung einbezogen.
[10] Vgl. Riefler 1988.
[11] Vgl. Haedrich 1994.
[12] Vgl. Merten 1997.
[13] In diese Aufstellung wurden nur die Befragten mit akademischem Abschluss, die in Leitungspositionen (vgl. Kapitel 4.2.2) tätig waren, einbezogen. Von den 672 Befragten gaben 623 an, Leitungspositionen (Gesamt-leiter oder Bereichsleiter) innezuhaben. Davon besaßen 562 einen akademischen Abschluss.

oder Kommunikationswissenschaft einen entsprechenden Anteil. Die Befragten mit diesen Abschlüssen haben zudem das geringste Durchschnittsalter.

2.3.3 Spezifische PR-Ausbildung

Detaillierter auf faktisch erworbenes PR-Wissen zielte die Frage nach einer PR-spezifischen Ausbildung. Bereits seit vielen Jahren bieten unterschiedliche Institute – wie zum Beispiel DIPR oder AfK und neuere Institutionen wie die Deutsche Presseakademie (depak) – berufsbegleitende PR-Kurse an. Ebenso ist es möglich, spezifische PR-Zusatz- oder Nachdiplome zu erwerben.

Schon in den 80er Jahren des vorigen Jahrhunderts wurden an deutschen Hochschulen einzelne Vorlesungen und Seminare zum Thema PR/Organisationskommunikation angeboten. In dieser Zeit richtete man an der Freien Universität Berlin erfolgreich einen Aufbau- beziehungsweise Weiterbildungsstudiengang für Public Relations ein, der dann aber nicht auf Dauer etabliert werden konnte. An der Universität Leipzig entstand 1993 im neu gegründeten Institut für Kommunikations- und Medienwissenschaft der deutschlandweit erste Lehrstuhl für Öffentlichkeitsarbeit/PR. Er bietet die Möglichkeit eines Schwerpunktstudiums Öffentlichkeitsarbeit/PR. Viele Leipziger Absolventen sind heute im Berufsfeld tätig, einige davon in verantwortlichen Positionen. Seit 2002 bietet dieser Lehrstuhl auch einen speziellen B.A.-Abschluss[14] für Public Relations und Kommunikationsmanagement an. Eigene PR-Studiengänge gibt es auch an den Fachhochschulen Hannover und Osnabrück.

An vielen Hochschulen haben sich offizielle und inoffizielle PR-Studienschwerpunkte ausgebildet. Offizielle und inoffizielle PR-Studienschwerpunkte sind neben Leipzig auch an der Freien Universität Berlin, den Universitäten München, Münster, Lüneburg oder der Fachhochschule Mainz möglich. Daneben bieten viele Hochschulen im Rahmen von publizistischen oder kommunikationswissenschaftlichen Studiengängen, aber auch in anderen Fachrichtungen Veranstaltungen zum Thema Public Relations/Kommunikationsmanagement an. Nach einer bislang 15-jährigen Entwicklung der akademischen Ausbildung kann der Kommunikationsnachwuchs den PR-Beruf nicht nur in praktischer Aneignung sondern auch in reflexiver Wissensvermittlung erlernen.[15]

---

[14] Bakkalaureus Artium/Bachelor of Arts
[15] Vgl. als Überblick zum Thema Ausbildung in PR-Berufe auch Brauer 2002.

Wir wollten wissen, inwieweit die BdP-Mitglicdcr im Laufe ihrer Ausbildung solche Angebote wahrgenommen haben. Zusätzlich sollten auch PR-spezifische Ausbildungswege erfasst werden, insbesondere das PR-Volontariat.

Da auch heute noch ein großer Teil der PR-Praktiker aus dem journalistischen Bereich stammt, haben wir auch das journalistische Volontariat – das ebenso einschlägige Qualifikationen vermittelt – in diese Erhebung aufgenommen.

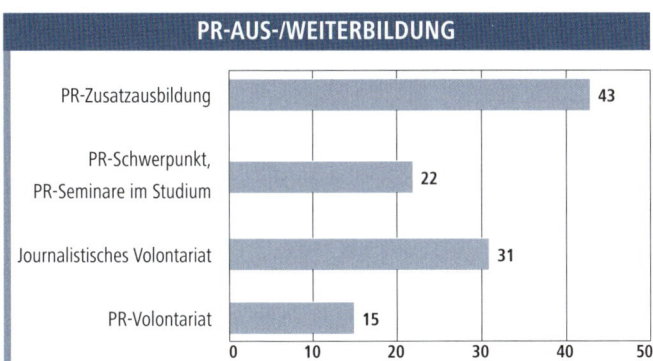

PR-AUS-/WEITERBILDUNG

Abbildung 2

Anteil der Befragten, die eine der nachfolgenden Bildungsmöglichkeiten wahrgenommen haben; Angaben in Prozent, n = 672

Insgesamt 43 Prozent aller Befragten haben im Laufe ihres Berufslebens eine PR-Zusatzausbildung absolviert beziehungsweise abgeschlossen. Dazu zählen zum Beispiel berufsbegleitende PR-Kurse und PR-spezifische Zusatz- oder Nachdiplome. Diese Möglichkeit, sich spezifisches Fachwissen anzueignen, ist demnach in der Branche weit verbreitet.

PR-Zusatzausbildungen sind in der Branche weit verbreitet.

22 Prozent der Befragten haben schon früher, bereits während ihres Studiums einschlägige PR-Kenntnisse erworben – entweder in einzelnen spezifischen PR-Seminaren oder im Rahmen eines Studienschwerpunktes.

Ein hoher Anteil der Befragten hat ein journalistisches Volontariat abgeschlossen. Dies verdeutlicht, wie stark die Gruppe der PR-Praktiker und Pressesprecher ist, die eine praxisorientierte journalistische Grundausbildung vorweisen können. Auffallend hoch ist der Anteil des spezifischeren PR-Volontariats mit 15 Prozent. Im Vergleich zum journalistischen Pendant ist dieser Wert zwar noch relativ gering. Weiß man aber, dass die ersten PR-Volontariate erst seit Mitte der 90er Jahre überhaupt existieren, muss dieser Wert schon überraschen.

Spezifisches PR-Volontariat ist auf dem Vormarsch.

Zwischen den einzelnen Organisationsarten gab es kaum Unterschiede in der PR-spezifischen Ausbildung der Kommunikationsverantwortlichen. Lediglich das PR-Volontariat wurde in Unternehmen etwas häufiger angegeben als in den anderen beiden Organisationsarten.[16] Uns interessierte darüber hinaus die Frage, ob möglicherweise größere Organisationen höheren Wert auf eine PR-spezifische Aus- oder Weiterbildung legen. Ein solcher Effekt konnte jedoch anhand der Daten nicht nachgewiesen werden.

---

[16] 17 Prozent der Befragten in Unternehmen hatten ein PR-Volontariat absolviert, zehn Prozent in öffentlichen beziehungsweise staatlichen Institutionen und zwölf Prozent in Vereinen, Verbänden und Parteien.

3.

Organisatorische und strategische Einbindung

3.1 Stellenwert von PR/Organisations-kommunikation

3.1.1 Hierarchische Verortung

Die Frage, wo Public Relations beziehungsweise Organisationskommunikation und wo die Befragten innerhalb ihrer Organisation angesiedelt sind, gibt auch präziser Aufschluss über ihre jeweilige Funktion.

Eine hochrangige Verortung in der Hierarchie bedeutet meist größere Entscheidungsfreiheit und höhere Weisungskompetenz. Damit erhöhen sich auch die Einfluss- und Gestaltungsmöglichkeiten der Kommunikationsverantwortlichen.

PR/OK nimmt überwiegend einen herausgehobenen Rang in der Hierarchie der Organisationen ein.

HIERARCHISCHE VERORTUNG VON PR/OK IN DER ORGANISATION[17]   Abbildung 3

Anteil der genannten Hierarchievarianten von PR/OK; Angaben in Prozent; n = 671[18]

---

[17] Da unter den Mitgliedern des Bundesverbandes deutscher Pressesprecher vereinzelt zwei oder mehrere Mitglieder in ein und derselben Organisation tätig sind, kann sich das in den Ergebnissen der einzelnen Organisationsarten niederschlagen. Es ist daher in seltenen Fällen möglich, dass in die Auswertung mehrere Befragte derselben Organisation eingeflossen sind. Auf Grund der strengen Anonymität bei der Durchführung der Studie konnten diese Fälle nicht ausgeschlossen werden. Das ist bei den Ergebnissen – vor allem in Kapitel 3, in denen nach Organisationsarten differenziert wird – einschränkend zu beachten. Allerdings sind nur marginale Effekte zu erwarten.

[18] Ein Befragter machte hier keine Angabe.

In 78 Prozent der Fälle hat PR/OK Führungsfunktionen innerhalb der Organisation inne.

Die Ergebnisse verdeutlichen, dass Public Relations/Organisationskommunikation überwiegend einen herausgehobenen Rang in der Hierarchie der Organisationen einnimmt. In insgesamt 58 Prozent der Fälle ist sie auf der Leitungsebene angesiedelt. Absolut dominierend ist dabei von allen Formen die Stabsstelle beziehungsweise Stabsabteilung auf Leitungsebene (45 Prozent). 20 Prozent der Befragten geben an, in ihrer Organisation sei das Aufgabengebiet zwar unmittelbar unterhalb der Leitungsebene angesiedelt, besitze aber zentrale Leitungsbefugnis. Rechnet man diese Werte zusammen, so hat in 78 Prozent der Fälle PR/OK Führungsfunktionen innerhalb der Organisation inne. Organisationsstrukturen, in denen PR/OK auf unterschiedliche Fachabteilungen verteilt (ein Prozent) oder anderen Abteilungen unterstellt ist (fünf Prozent), spielen in der Praxis hingegen kaum noch eine Rolle. PR ist damit klar eine Leitungsfunktion.

Tabelle 6

HIERARCHISCHE VERORTUNG DER PR/OK-EINHEIT NACH ORGANISATIONSART				
Verortung	Gesamt	Unternehmen	Öffentliche/ staatliche Institutionen	Vereine, Verbände, Parteien
auf höchster Leitungsebene	13	14	11	13
als Stabsstelle/-abteilung auf Leitungsebene	45	44	52	40
direkt unterhalb der Leitungsebene mit zentraler Leitungsbefugnis	20	21	15	20
als gleichrangige Abteilung neben anderen	16	14	17	24
bei unterschiedlichen Fachabteilungen	1	1	0	0
einer anderen Abteilung unterstellt	5	6	4	2
sonstiges	1	1	0	2
Basis	n = 671	n = 430	n = 105	n = 136

Anteil der genannten Hierarchievarianten von PR/OK; Angaben in Prozent

Differenziert nach Organisationsformen zeigt sich, dass die hohe hierarchische Verortung von PR/OK generell zutrifft. Besonders oft auf Leitungsebene ist dieser Bereich allerdings in öffentlichen und staatlichen Institutionen angesiedelt – und zwar in 63 Prozent der Fälle.

Eine 2003 in der Schweiz durchgeführte Studie erbrachte vergleichbare Ergebnisse.[19] Auch dort fand sich PR/OK vorzugsweise auf der Leitungsebene. Gravierende Unterschiede zeigten sich dort jedoch zwischen den Organisationsformen.[20] Die hierarchische Verortung von PR als Stabsstelle auf Leitungsebene war bei den eidgenössischen Behörden die mit Abstand dominierende Form.[21] Bei den Schweizer Unternehmen hingegen verteilten sich die Antworten etwa zu gleichen Teilen auf die Ausprägungen *Stabsstelle auf Leitungsebene* (40 Prozent) und *gleichrangige Abteilung neben anderen* (43 Prozent). In der Privatwirtschaft war hingegen die PR häufiger anderen Abteilungen unterstellt – und zwar bei 16 Prozent.

3.1.2 Beziehung zum Marketing

Ist Public Relations ein Teilbereich des Marketings? Muss PR/OK dementsprechend dem Marketing untergeordnet werden? Immerhin wird diese Meinung in den Wirtschaftswissenschaften und damit in der Ausbildung von Managern noch recht häufig vertreten. Oder ist im Gegenteil diese Vorstellung schon längst von der Unternehmens- und Organisationsrealität eingeholt worden? Warum ist das wichtig? Hat doch immerhin in einer repräsentativen Umfrage die Mehrheit der deutschen Bevölkerung ausgesagt, PR und Werbung seien ihrer Meinung nach dasselbe. Selbst die in der gleichen Untersuchung befragten Journalisten waren immer noch zu 50 Prozent dieser Überzeugung.[22] Bei der Diskussion um eine integrierte Kommunikation geht es vor allem um die Vernetzung und Abstimmung von Kommunikationsangeboten. Vor diesem Hintergrund ist die Frage nach dem Selbstverständnis der PR-Praktiker und Organisationskommunikatoren seit jeher auch

---

[19] Vgl. Röttger/Hoffmann/Jarren 2003: 167. Im Unterschied zur vorliegenden Studie waren bei Röttger et al. allerdings Mehrfachnennungen möglich. Wir hatten unsere Fragestellung dahingehend formuliert, die Antwort anzukreuzen, die der Realität in der eigenen Organisation am nächsten kommt.

[20] Erhoben wurden von Röttger et al. die drei Organisationsformen Unternehmen, Behörde und NPO.

[21] 65 Prozent der befragten schweizer Behörden organisierten PR als Stabsstelle auf Leitungsebene.

[22] Vgl. Bentele/Seidenglanz 2004a: 48.

mit ihrer Beziehung – das heißt auch mit ihrer Abgrenzung – vom Marketing verbunden. Uns interessierte, wie sich das faktisch in den Organisationen der befragten BdP-Mitglieder darstellt.

Abbildung 4

Anteil der genannten PR/OK-Marketing-Beziehungen; Angaben in Prozent; n = 672

PR und Marketing stehen mehrheitlich auf einer Hierarchieebene.

In sechs Prozent der Fälle ist die PR/OK-Einheit – also PR-Abteilung, PR/OK-Stabsstelle oder -Arbeitsbereich – dem Marketing übergeordnet. Häufig verstehen PR-Praktiker und PR-Wissenschaftler es als ideales Organisationsprinzip, wenn PR/OK eine zentrale strategische Führungsfunktion innerhalb der Gesamtkommunikation darstellt, der auch das Marketing unterzuordnen ist. Dieses Prinzip wird anhand der Ergebnisse nur von sehr wenigen Organisationen praktiziert. Allerdings ist auch die gegenteilige Vorstellung – nämlich dass PR/OK dem Marketing untergeordnet ist – so gut wie gar nicht (mehr) vertreten. Nur bei vier Prozent der Befragten ist das so. Die empirische Wirklichkeit widerlegt hier also die oben angeführte Lehrmeinung in den Wirtschaftswissenschaften, ebenso wie manches Fehlbild in der Öffentlichkeit. Bei der absoluten Mehrheit der Befragten – nämlich zusammen 75 Prozent – sind PR/OK und Marketing auf der gleichen Hierarchieebene angesiedelt, dabei in 23 Prozent zu einer Einheit zusammengeschlossen.

Betrachten wir dieses Ergebnis wieder differenziert nach der Organisationsart. Zum Vergleich wurden in die nachfolgende Aufstellung – mit Blick auf die Unternehmen – Ergebnisse einer früheren Untersuchung aufgenommen.[23]

PR und Marketing bilden in 23 Prozent der Fälle eine Einheit.

Tabelle 7

ORGANISATORISCHES VERHÄLTNIS VON PR/OK ZUM MARKETING NACH ORGANISATIONSART					
PR/OK-Einheit: Beziehung zum Marketing	Gesamt	Unternehmen (2005)	Unternehmen (1997)[24]	Öffentliche/ staatliche Institutionen	Vereine, Verbände, Parteien
PR/OK-Einheit ist der Marketing-Einheit übergeordnet	6	5	7	6	8
PR/OK und Marketing sind auf einer Hierarchieebene gleichberechtigt und kooperieren eng miteinander	34	42	43	25	19
PR/OK und Marketing sind auf einer Hierarchieebene gleichberechtigt und agieren unabhängig voneinander	18	20	18	11	16
Marketing und PR/OK sind eine Einheit	23	21	15	30	27
Die PR/OK-Einheit ist der Marketing-Einheit untergeordnet	4	6	9	1	2
anderes	15	7	8	29	28
Basis	n = 672	n = 431	n = 288	n = 105	n = 136

Anteil der genannten PR/OK-Marketing-Beziehungen; Angaben in Prozent

---

[23] Diese Daten stammen aus der 1997 von Anke Zühlsdorf (vgl. Zühlsdorf 2002) durchgeführten Studie zu gesellschaftsorientierter Public Relations. In ihrer Dissertation hat die Autorin 288 Unternehmen aus allen wichtigen Wirtschaftszweigen nach deren Public Relations befragt und dabei auch das Verhältnis von PR und Marketing in den Unternehmen erfasst.

[24] Vgl. Zühlsdorf 2002: 306.

PR/OK ist dem Marketing heute seltener untergeordnet als früher.

Im privatwirtschaftlichen Sektor zeigen sich zwischen den beiden Untersuchungen 1997 und 2005 nur geringe Unterschiede. Auffällig ist, dass aktuell in den Unternehmen PR/OK und Marketing etwas häufiger eine gemeinsame Einheit bilden als vor acht Jahren. Die Zahl der Fälle, in denen PR/OK dem Marketing untergeordnet wird, liegt 2005 leicht niedriger.[25]

Zuletzt gingen wir der Frage nach, ob die Position der PR/OK gegenüber dem Marketing in größeren Organisationen stärker ist. Das konnte jedoch für keine der drei Organisationsarten bestätigt werden.

3.1.3 PR-Budgets: jüngste Entwicklung und Prognose

Trends und Konjunktur eines Berufsfeldes lassen sich sehr gut an der Entwicklung finanzieller Ressourcen ablesen. Daher legten wir den BdP-Mitgliedern zwei Fragen nach den PR-Budgets in ihren Organisationen vor. Sie sollten zum einen angeben, wie sich diese in den vergangenen fünf Jahren entwickelt hatten, sowie eine Prognose für deren künftige Entwicklung abgeben. Auf Fragen nach dem genauen Etat der PR-Einheit haben wir an dieser Stelle bewusst verzichtet, da in den einzelnen Organisationen dieser Einheit völlig unterschiedliche Aufgaben und Tätigkeiten zugeordnet werden. Man würde sonst ganz verschiedene Strukturen miteinander vergleichen – oder salopp gesagt: Äpfel und Birnen.

Abbildung 5

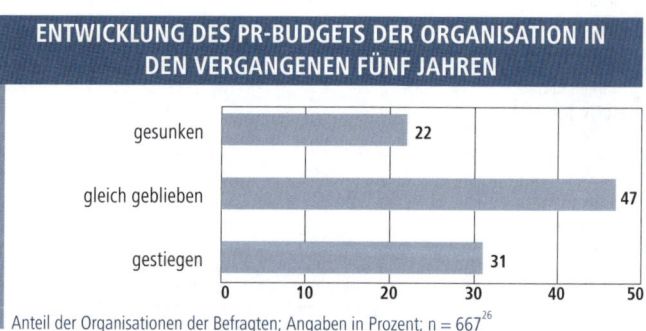

ENTWICKLUNG DES PR-BUDGETS DER ORGANISATION IN DEN VERGANGENEN FÜNF JAHREN

gesunken — 22
gleich geblieben — 47
gestiegen — 31

0 10 20 30 40 50

Anteil der Organisationen der Befragten; Angaben in Prozent; n = 667[26]

Auf die Frage, wie sich der Etat für Public Relations in den vergangenen fünf Jahren entwickelt hat, geben 47 Prozent der Be-

---

[25] Ein Teil dieses Unterschieds lässt sich gegebenenfalls durch Umfrageeffekte erklären.
[26] Fünf Befragte machten dazu keine Angaben.

fragten an, dass er in ihren Organisationen im Wesentlichen gleich geblieben ist. In 22 Prozent der Fälle ist er sogar gesunken, jedoch bei 31 Prozent gestiegen. Damit zeigt sich im Ganzen ein leicht positiver Entwicklungstrend für die Organisationskommunikation. Die Organisationen insgesamt ließen sich ihre PR demnach allgemein etwas mehr kosten als noch vor fünf Jahren.

Die Organisationen lassen sich ihre PR etwas mehr kosten als vor fünf Jahren.

Dafür bieten sich mehrere Erklärungen an, die in der Vergangenheit auch in der Fachwelt diskutiert wurden. So stellt zum Beispiel eine immer kritischere und aufmerksamere Öffentlichkeit höhere Ansprüche an die Kommunikation. Damit verbindet sich auch die Forderung nach mehr Transparenz. Das dürfte einer der Gründe sein, warum Organisationen in den vergangenen Jahren Kommunikationsressourcen zwar insgesamt gekürzt, dabei aber oft einen Teil davon aus der Werbung in die PR verlagert haben. Häufig wird argumentiert, diese Verlagerung liege insbesondere in einem Kostenvorteil der PR gegenüber der Werbung begründet. In den vergangenen Jahren wurden jedoch kommunikative Kompetenzen von externen Dienstleistern zurück in die Organisationen geführt, was ebenfalls – trotz gesamtwirtschaftlich schwieriger Lage – mit zu der leichten Erhöhung der Etats geführt haben könnte.

ENTWICKLUNG DES PR-BUDGETS DER ORGANISATION IN DEN VERGANGENEN FÜNF JAHREN NACH ORGANISATIONSART Tabelle 8

Das PR-Budget ist...	Gesamt	Unternehmen (2005)	Unternehmen (1997)	Öffentliche/ staatliche Institutionen	Vereine, Verbände, Parteien
gesunken	22	25	10	21	14
etwa gleich geblieben	47	43	64	56	52
gestiegen	31	32	26	23	34
Basis	n = 667	n = 429	n = 288	n = 104	n = 134

Anteil der Organisationen der Befragten; Angaben in Prozent

Im Vergleich der Organisationsarten schneiden öffentliche beziehungsweise staatliche Institutionen am schlechtesten ab. Vom ansonsten leicht positiven Trend ist hier wenig zu spüren. Sinkende und steigende Budgets halten sich in etwa die Waage.

Auch hier fördert ein Vergleich mit den Daten der Unternehmens-befragung von 1997 Interessantes zu Tage.[27] Mit ihrer Erhebung der Budgetentwicklung erfasste Anke Zühlsdorf damals eine Phase, die – zumindest bis Mitte der 90er Jahre – von wirtschaftlicher Prosperität gekennzeichnet war. Dennoch ist die Entwicklung der PR-Budgets in den Unternehmen 1992 bis 1997 nicht deutlich positiver als 2000 bis 2005. Bei Zühlsdorf ist vor allem eine höhere Kontinuität in der Ressourcenvergabe für PR/OK festzustellen, während es in den vergangenen Jahren offensichtlich deutlichere Veränderungen gegeben hat – allerdings sowohl nach unten als auch nach oben.

Bei der Ressourcenvergabe für PR/OK gibt es heute weniger Kontinuität als früher.

Neben der Rückschau auf die vergangenen Jahre interessierten uns auch zukünftige Trends in der Entwicklung der Branche. Hier sollten die Befragten – wieder Bezug nehmend auf den PR-Etat ihrer Organisation – eine Prognose abgeben: Wie würde sich dieses Budget ihrer Auffassung nach in den kommenden Jahren entwickeln?

Abbildung 6

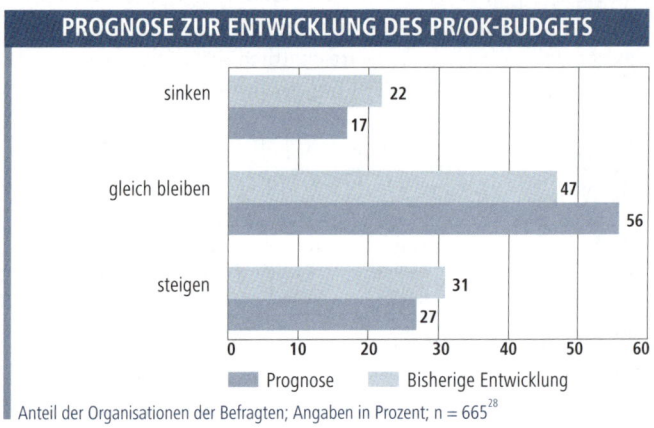

PROGNOSE ZUR ENTWICKLUNG DES PR/OK-BUDGETS

Anteil der Organisationen der Befragten; Angaben in Prozent; n = 665[28]

Für die Zukunft erwarten die Kommunikationsverantwortlichen vor allem etwas mehr Kontinuität als bisher.

---

[27] Vgl. Zühlsdorf 2002: 307.
[28] Sieben Befragte machten hierzu keine Angabe.

PROGNOSE ZUR ENTWICKLUNG DES PR/OK-BUDGETS NACH ORGANISATIONSART				Tabelle 9
Das PR-Budget wird...	Gesamt	Unternehmen	Öffentliche/ staatliche Institutionen	Vereine, Verbände, Parteien
sinken	17	17	22	14
etwa gleich bleiben	56	54	61	59
steigen	27	29	17	27
Basis	n = 665	n = 426	n = 105	n = 134

Anteil der Organisationen der Befragten; Angaben in Prozent

Die geringsten Änderungen wird es laut dieser Einschätzung bei öffentlichen und staatlichen Institutionen geben – allerdings auch den höchsten Anteil von sinkenden Budgets. Diejenigen Befragten, die von einer Veränderung ihrer finanziellen Ressourcen ausgehen, erwarten mehrheitlich eine Steigerung. Insofern zeigt sich bei insgesamt großer Stabilität der Budgets doch eine positive Tendenz.

Bei insgesamt großer Stabilität der Budgets zeigt sich eine leicht positive Tendenz.

3.2 Strategischer Beitrag und strategische Orientierung

3.2.1 Strategischer Beitrag der PR/Organisationskommunikation

Aus der hierarchischen Einordnung der PR/OK-Einheit innerhalb der Organisation lassen sich Schlüsse auf ihren entsprechenden Stellenwert ziehen. Wir haben hier konkreter nachgefragt und wollten über strukturelle Aspekte hinaus auch etwas über den strategischen Beitrag erfahren, den PR in den Organisationen leistet – zumindest nach Einschätzung der Befragten. Welchen Einfluss hat die Organisationskommunikation also auf die Organisationsführung? In welchem Maße wird die Organisationspolitik durch PR-Profis mitbestimmt? Die Befragten konnten ihre Aussage auf einer Skala von 1 (sehr gering) bis 5 (sehr hoch) abstufen.

Tabelle 10

STRATEGISCHER BEITRAG DER PR/OK NACH ORGANISATIONSART				
Strategischer Beitrag	Gesamt	Unternehmen	Öffentliche/ staatliche Institutionen	Vereine, Verbände, Parteien
sehr gering	4	5	4	2
gering	17	21	14	9
mittel	27	26	31	23
hoch	41	38	42	47
sehr hoch	12	10	9	18
Mittelwert[29]	3,4	3,3	3,4	3,7
Basis	n = 649[30]	n = 414	n = 102	n = 133

Anteil der Organisationen der Befragten; Angaben in Prozent

Die strategische Mitbestimmung der PR/OK-Einheit beträgt nach Aussage der Befragten auf besagter Skala durchschnittlich 3,4 und liegt damit leicht über dem Mittel von 3.

In Vereinen, Verbänden und Parteien haben PR-Profis den stärksten strategischen Einfluss. Im Vergleich der Organisationsarten liegen die Vereine, Verbände und Organisationen der öffentlichen Willensbildung mit einem Mittelwert von 3,7 deutlich vorn, gefolgt von den öffentlichen und staatlichen Institutionen (3,4). Den geringsten strategischen Einfluss sehen Kommunikationsverantwortliche in Unternehmen.

---

[29] Anhand einer Skala von 1 (sehr gering) bis 5 (sehr hoch)
[30] 23 Befragte machten dazu keine Angabe.

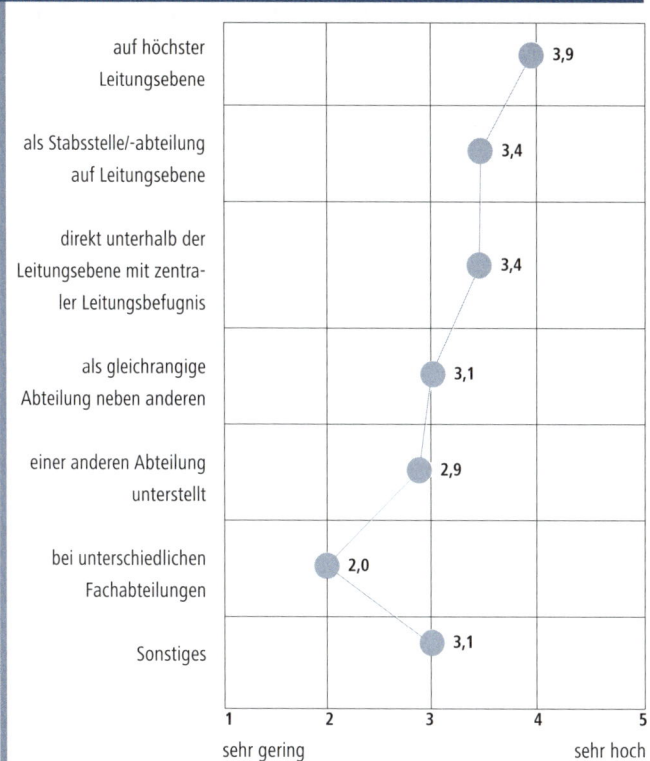

STRATEGISCHER BEITRAG NACH HIERARCHISCHER VERORTUNG DER PR/OK-EINHEIT

Abbildung 7

- auf höchster Leitungsebene — 3,9
- als Stabsstelle/-abteilung auf Leitungsebene — 3,4
- direkt unterhalb der Leitungsebene mit zentraler Leitungsbefugnis — 3,4
- als gleichrangige Abteilung neben anderen — 3,1
- einer anderen Abteilung unterstellt — 2,9
- bei unterschiedlichen Fachabteilungen — 2,0
- Sonstiges — 3,1

1 | 2 | 3 | 4 | 5
sehr gering — sehr hoch

Strategischer Beitrag von PR/OK bei unterschiedlichen Hierarchiestufen in den Organisationen; Mittelwerte; anhand einer Skala von 1 (sehr gering) bis 5 (sehr hoch); n = 649

Der Beitrag, den die PR/OK zur Führung und strategischen Ausrichtung ihrer Organisation leistet, hängt offensichtlich stark davon ab, wo in der Hierarchie diese Organisationseinheit angesiedelt ist. Aus Abbildung 7 lässt sich deutlich erkennen, dass der strategische Beitrag insgesamt mit der Hierarchieebene steigt. Den mit Abstand höchsten Einfluss auf die Organisationspolitik übt PR/OK dort aus, wo sie sich als Teil der Leitungsebene sieht. Etwas niedriger ist er bei PR-Abteilungen oder Stabsstellen auf Leitungsebene beziehungsweise direkt unterhalb der Leitungsebene. Der geringste strategische Beitrag wird dort angegeben, wo PR/OK keine Einheit ist, sondern die PR-Aufgaben auf verschie-

Je höher die PR/OK-Einheit in der Organisationshierarchie angesiedelt ist, umso größer ist ihr strategischer Beitrag.

dene Abteilungen verteilt sind. Wie gestaltet sich die strategische Einflussmöglichkeit von Public Relations auf Organisationsentscheidungen in Abhängigkeit zur Organisationsgröße? Mittels statistischer Verfahren[31] lässt sich tatsächlich ein – wenn auch nur geringer – Zusammenhang berechnen. Die Befragten in kleineren Organisationen schätzen den strategischen Beitrag der PR höher ein als in größeren.

3.2.2 Schriftlich fixierte Krisenkonzepte

„Natürlich haben wir Konzepte", so würde wahrscheinlich fast jeder Kommunikationsverantwortliche – gefragt nach der strategischen Fundierung seiner Tätigkeit – ohne Zögern antworten. Ob man denn dieses Papier mit der Kommunikationsstrategie einsehen könne, ließe sich weiterfragen. „Schriftlich?", schaut der Pressesprecher erstaunt hoch. „Das habe ich doch alles in meinem Kopf." So oder ähnlich geschieht es immer noch in dem ein oder anderen Gespräch zwischen zwei Branchenangehörigen.

Schriftlich fixierte Kommunikationsstrategien mit Krisenszenarien und Handlungsoptionen sind Ausdruck der strategischen Orientierung von PR/OK. Strategisch entwickelte und schriftlich fixierte Konzepte bilden eine Richtschnur für professionelles Handeln in der Organisationskommunikation. Für Kampagnen und aktives organisatorisches Handeln sind solche strategischen Planungen zur Selbstverständlichkeit geworden. Strategiekonzepte für Krisensituationen hingegen sind der Erfahrung nach in Unternehmen, Institutionen oder Vereinigungen deutlich seltener anzutreffen. (Möglichst) schriftlich fixierte Kommunikationsstrategien für Krisensituationen mit entsprechenden Szenarien und ausformulierten Handlungsoptionen sind demnach ein Ausdruck der strategischen Orientierung von PR/OK. Das Vorhandensein derartiger Konzepte werten wir daher als besonders markanten Indikator für eine solche Orientierung.

---

[31] Spearman'sche Rangkorrelation (r = 0,078)

KOMMUNIKATIONSSTRATEGIEN FÜR KRISENSITUATIONEN NACH ORGANISATIONSART

Abbildung 8

Anteil der Befragten, in deren Organisationen Krisenstrategien vorhanden sind; Angaben in Prozent; n = 669[32]

Insgesamt geben 45 Prozent der Befragten an, dass in ihrer Organisation entsprechende Konzepte für Krisensituationen existieren. Etwa 45 Prozent der Organisationen pflegen also – diesem Indikator folgend – eine entsprechend ausgeprägte strategische Kommunikationspolitik.

Vorreiter auf diesem Gebiet sind mit deutlichem Abstand die Unternehmen. Immerhin 55 Prozent von ihnen haben Planungen für Krisen in der Schublade. Uns interessierte außerdem, ob die strategische Orientierung mit der Organisationsgröße zusammenhängt.

Fast jeder zweite Befragte arbeitet in einer Organisation, die Konzepte für Krisensituationen bereit hält.

---

[32] Drei Befragte machten hierzu keine Angaben.

51

Abbildung 9

KOMMUNIKATIONSSTRATEGIEN FÜR KRISENSITUATIONEN NACH ORGANISATIONSGRÖSSE

Anteil der Befragten, in deren Organisationen Krisenstrategien vorhanden sind; Mitarbeiterzahl der Organisation; Angaben in Prozent; n = 669

Ausgearbeitete Krisenstrategien liegen in der Tat vor allem in größeren und großen Organisationen vor. Abbildung 9 zeigt anschaulich, dass mit steigender Beschäftigtenzahl auch der Anteil von Organisationen mit entsprechenden Konzeptionen für den Krisenfall zunimmt.

Größere Organisationen haben häufiger schriftliche Konzeptionen für den Krisenfall als kleinere. Einen messbaren Einfluss hat darüber hinaus die hierarchische Verortung der PR/OK in der Organisation. Es ist wenig überraschend, dass dort, wo die PR/OK-Einheit hoch angesiedelt ist, strategisch ausgearbeitete Krisenkonzepte häufiger anzutreffen sind.[33] Organisationen, in denen PR/OK auf oder unmittelbar unter der Leitungsebene verortet ist, haben zu etwa 50 Prozent Krisenpläne vorliegen. Dort wo PR/OK als gleichrangige Abteilung organisiert ist oder anderen Abteilungen untersteht, ist das zu etwa einem Drittel der Fall. Von den Organisationen, die PR-Aufgaben auf mehrere Abteilungen verteilen, hatte nicht eine einzige eine Krisenkonzeption erstellt.

---

[33] Die Organisationsgröße hat dabei keinen Einfluss auf dieses Ergebnis. Organisationsgröße und hierarchische Verortung stehen in keinem Zusammenhang.

4.

Berufsposition, beruflicher Alltag und Karriere

4.1 Berufliche Karriere

4.1.1 Frühere Tätigkeiten

Wie sieht der Karriereverlauf der Befragten aus? Aus welchen Berufsfeldern kommen sie? Wir wissen aus früheren Studien, dass viele Pressesprecher und Kommunikationsverantwortliche einen journalistischen Hintergrund haben.[34]

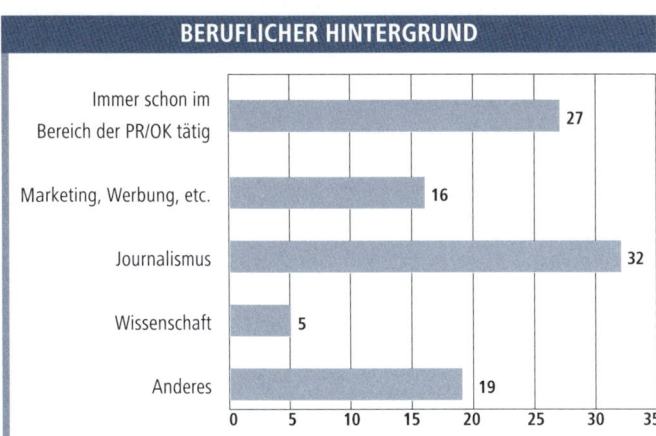

BERUFLICHER HINTERGRUND   Abbildung 10

Anteil der Befragten, die nachfolgende Tätigkeit vor ihrer Anstellung im PR/OK-Bereich wahrgenommen haben; Angaben in Prozent; n = 672

In der vorliegenden Untersuchung waren 32 Prozent der PR-Praktiker zuvor im journalistischen Bereich tätig. Damit ist die journalistische Laufbahn auch heute der häufigste Zugang zum Berufsfeld PR. Dieses Ergebnis ist folgerichtig, denn wie weiter oben schon festgestellt (vgl. Kapitel 2.3.3), hatten 31 Prozent der Befragten auch ein journalistisches Volontariat abgeschlossen. Allerdings zeigt sich auch, dass der Anteil derjenigen, die schon immer im PR-Bereich tätig waren, in der Vergangenheit offensichtlich stark angestiegen ist. Auch das hat mit der Professionalisierung des Berufsfeldes und entsprechend vorgeschalteten Qualifikationsmöglichkeiten zu tun. Die Zahl der Direkteinsteiger ist mit einem Anteil von 27 Prozent fast ebenso hoch wie die der

Eine journalistische Tätigkeit ist der häufigste Zugang zum Berufsfeld Public Relations.

---

[34] In einer 1991 veröffentlichten Untersuchung beispielsweise hatten bis zu 39 Prozent der Pressestellenleiter ihre Karriere in einer Medienredaktion begonnen (betrifft die Gruppe der Vereine, Verbände und Parteien; vgl. Böckelmann 1991b: 136). Unternehmen: 16 Prozent (vgl. Böckelmann 1991a: 94), Institutionen: 25 Prozent (vgl. Böckelmann 1991c: 150)

Es gibt immer mehr Direkteinsteiger in den PR-Beruf. Kommunikationsverantwortlichen mit journalistischem Hintergrund. Dass dabei die Gruppe der Direkteinsteiger das geringste Durchschnittsalter von allen hat, beweist auch, dass es sich um einen neueren Trend handelt. Aus dem verwandten Bereich des Marketings und aus der Werbung oder Verkaufsförderung hingegen stammen nur 16 Prozent der Befragten.

Tabelle 11

BERUFLICHER HINTERGRUND NACH ORGANISATIONSART				
Frühere Berufstätigkeit	Gesamt	Unternehmen	Öffentliche/ staatliche Institutionen	Vereine, Verbände, Parteien
Immer schon im Bereich der PR/OK tätig	27	31	11	28
Marketing/ Werbung etc.	16	21	7	6
Journalismus	32	29	40	39
Wissenschaft	5	4	11	4
Anderes	19	15	31	23
Basis	n = 672	n = 431	n = 105	n = 136

Anteil der Befragten, die nachfolgende Tätigkeit vor ihrer Anstellung im PR/OK-Bereich wahrgenommen haben; Angaben in Prozent

In der Privatwirtschaft ist der Anteil der Direkteinsteiger in die PR am höchsten. Deutliche Unterschiede in der beruflichen Herkunft der Kommunikationsverantwortlichen treten zwischen den verschiedenen Organisationsarten auf. So ist in den Unternehmen die Zahl der Direkteinsteiger deutlich höher als anderswo. Aber auch der Anteil derjenigen, die zuvor im Marketing tätig waren, ist mit 21 Prozent in der Privatwirtschaft am größten. Demgegenüber sind die ehemaligen Journalisten an der Spitze von PR/OK-Einheiten bei den anderen Organisationsarten stärker vertreten – und zwar zu 40 beziehungsweise 39 Prozent der Befragten. Bei öffentlichen und staatlichen Institutionen fällt der vergleichsweise hohe Anteil an Befragten auf, die andere Berufszugänge vorweisen (31 Prozent). Offensichtlich spiegeln sich darin typische Karrierewege innerhalb der öffentlichen Verwaltung wider. Oft sind hier Kommunikationsverantwortliche zuvor in völlig anderen Aufgabenbereichen beschäftigt gewesen.

4.1.2 Tätigkeit im PR/OK-Bereich

Wie lange sind die Befragten schon im Bereich der Organisations-kommunikation tätig? Wie lange haben sie ihre jetzige Position inne? Wechseln Kommunikationsverantwortliche häufig ihren Arbeitgeber oder bleiben sie ihm länger treu? Letzteres spräche auch für eine hohe Berufszufriedenheit.

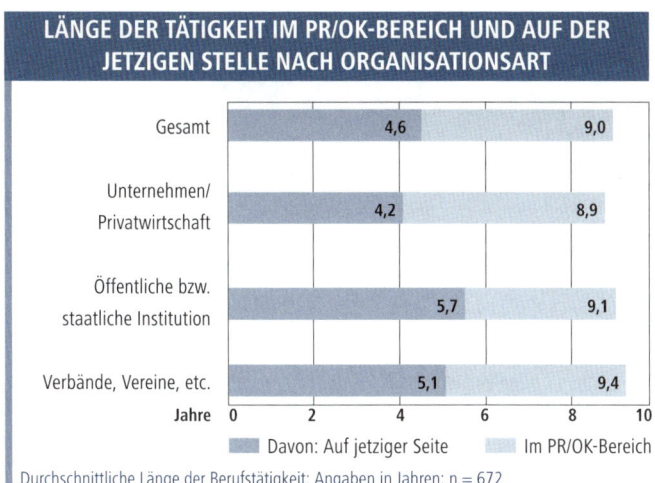

LÄNGE DER TÄTIGKEIT IM PR/OK-BEREICH UND AUF DER JETZIGEN STELLE NACH ORGANISATIONSART

Abbildung 11

	Davon: Auf jetziger Seite	Im PR/OK-Bereich
Gesamt	4,6	9,0
Unternehmen/ Privatwirtschaft	4,2	8,9
Öffentliche bzw. staatliche Institution	5,7	9,1
Verbände, Vereine, etc.	5,1	9,4

Durchschnittliche Länge der Berufstätigkeit; Angaben in Jahren; n = 672

Im Durchschnitt arbeiten die Befragten bereits seit neun Jahren im PR/OK-Bereich, davon 4,6 Jahre an ihrem jetzigen Arbeitsplatz. Leichte Unterschiede lassen sich wiederum zwischen den Organisationsarten erkennen. So sind die Kommunikationsverantwortlichen von Vereinen oder Verbänden mit durchschnittlich 9,4 Jahren am längsten im Kommunikationssektor tätig. Im Vergleich zur gesamten Tätigkeitsdauer bleiben die Befragten in Institutionen am längsten in ihrer Position, während die Fluktuation in der Privatwirtschaft offensichtlich etwas höher ist.

Die Befragten arbeiten durchschnittlich seit neun Jahren im PR/OK-Bereich, davon 4,6 Jahre an ihrem aktuellen Arbeitsplatz.

4.2 Berufsposition

4.2.1 Stellenbezeichnung

Pressereferent, Pressesprecher, Corporate Communications Manager oder Leiter Unternehmenskommunikation – es gibt viele Bezeichnungen für eine Tätigkeit im Berufsfeld PR/OK. Darin

Die Stellenbezeichnungen der Branche sind äußerst vielfältig. Am häufigsten ist die Bezeichnung *Pressesprecher*.

liegt auch eine der Ursachen dafür, warum die PR-Branche nach außen so diffus erscheint. Für ein und dieselbe Position beziehungsweise für das gleiche Aufgabenfeld existieren häufig ganz unterschiedliche Bezeichnungen. Dennoch haben sich Begriffe herauskristallisiert, die weit verbreitet sind und weitgehend einheitlich konnotiert werden.

Abbildung 12

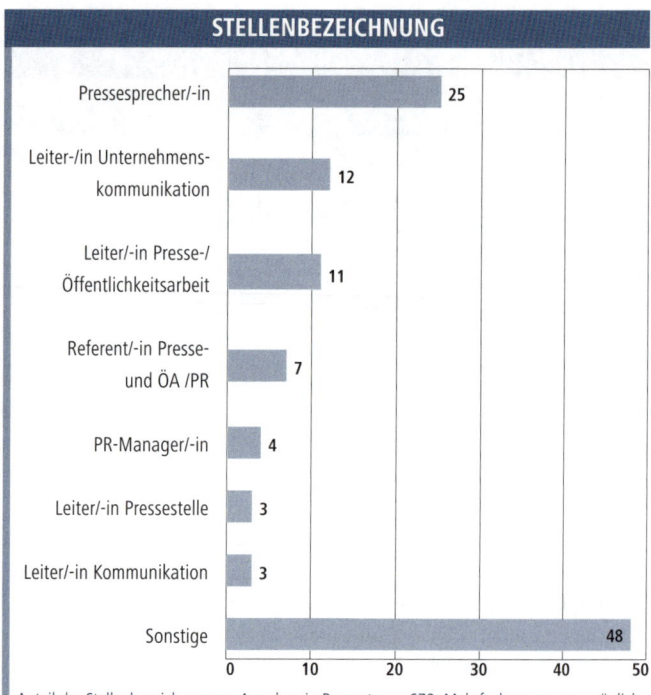

STELLENBEZEICHNUNG

Pressesprecher/-in — 25
Leiter-/in Unternehmenskommunikation — 12
Leiter/-in Presse-/Öffentlichkeitsarbeit — 11
Referent/-in Presse- und ÖA /PR — 7
PR-Manager/-in — 4
Leiter/-in Pressestelle — 3
Leiter/-in Kommunikation — 3
Sonstige — 48

Anteil der Stellenbezeichnungen; Angaben in Prozent; n = 672; Mehrfachnennungen möglich

Die Ergebnisse spiegeln die starke Vielfalt der Stellenbezeichnungen in der Branche wider. Mehrere Befragte gaben zwei Namen an, von denen der zweite nahezu ausschließlich *Pressesprecher* lautete, also etwa *Leiter Unternehmenskommunikation/Pressesprecher*. Wir haben alle Stellenbezeichnungen ausgewertet, das heißt jede einzelne Nennung gezählt.

Nicht überraschend ist, dass die mit Abstand am häufigsten genannte Stellenbezeichnung die des *Pressesprechers* ist. Sie wird von insgesamt 170 Befragten – das ist ein Anteil von 25 Prozent – genannt. Davon gibt etwa die Hälfte allein den Beruf *Pressespre-*

cher an, bei den anderen trägt die Stelle noch einen zweiten Na men – so wie eben am Beispiel demonstriert.
Die zweithäufigste Stellenbezeichnung unter den BdP-Mitgliedern ist *Leiter/-in für Unternehmenskommunikation.* Wir haben darunter nicht nur weibliche und männliche Entsprechungen zusammengefasst, sondern auch Titel wie *Bereichsleiter, Direktor* oder *Hauptabteilungsleiter für Unternehmenskommunikation* und auch *Konzernkommunikation.* 78 Personen beziehungsweise zwölf Prozent der Befragten machen eine entsprechende Angabe.
Mit elf Prozent an dritter Stelle und damit beinahe gleichauf steht die Bezeichnung *Leiter/-in (Presse- und) Öffentlichkeitsarbeit.* Auch hier haben wir verschiedene Nennungen zusammengefasst. Wichtig waren dabei die Angabe einer Leitungsposition sowie die Begriffe Öffentlichkeitsarbeit oder Presse- und Öffentlichkeitsarbeit – etwa *Sachgebietsleiter ÖA, Abteilungsleiter Presse- und Öffentlichkeitsarbeit.*
Die Berufsbezeichnung des *Referenten/der Referentin* – für Presse, PR oder Öffentlichkeitsarbeit – tragen sieben Prozent der Befragten. *Public Relations-Manager/-in* nennen sich vier Prozent, *Leiter/-in Pressestelle* und *Leiter/-in Kommunikation* jeweils drei Prozent.
Die restlichen Berufsbezeichnungen – insgesamt 48 Prozent – sind sehr heterogen. Keiner der sonstigen Begriffe wird jeweils von mehr als zwei Prozent der Befragten angegeben. Zu einem großen Teil sind es Einzelnennungen.
Die folgende Auswahl zeigt nochmals eindrucksvoll die Vielfalt der Begrifflichkeiten: Hierzu gehören zum Beispiel der *Leiter für Corporate Communications* oder für *Public Relations* der *Vorstandssprecher* und der *Director Corporate Affairs*, der *PR and Product Coordinator*, der *Leiter Info-Centre* oder der *PR Spezialist.* Andere Befragte nennen sich *Geschäftsleiter Public Affairs & Events, Leiter Strategie und PR-Konzepte, Team Leader Corporate PR, Redaktionsleiter Kommunikation/Medien, Director Corporate Image, Leiter Kampagnen, Director External Affairs* oder *Director Operations.* Aber auch *Fachkraft, Sachbearbeiter* oder *Volontär/-in* werden angegeben.
Stärker in den Bereich Marketing verweisen unter anderem die Bezeichnungen *Leiter Marktkommunikation, Leiter für Marketing, Vertrieb & Kommunikation, Marketing Services, Director Marketing Europe* oder *Vice President Global Marketing.*

Die zweithäufigste Stellenbezeichnung ist *Leiter/-in für Unternehmenskommunikation,* dicht gefolgt von *Leiter/-in (Presse und) Öffentlichkeitsarbeit.*

4.2.2 Berufsposition

Pressesprecher oder Kommunikationschef? Leiter der Organisationskommunikation oder Verantwortlicher eines Teilbereichs? 70 Prozent der Befragten geben an, die Gesamtleitung der PR/ OK in ihrer Organisation auszuführen, 23 Prozent ordneten sich als Leiter eines Teilbereichs ein. Sieben Prozent nehmen keine entsprechenden Leitungsfunktionen wahr. Dabei handelt es sich offensichtlich um solche PR-Praktiker, die zwar für die Kommunikation ihrer Organisation eine gewisse Verantwortung tragen, gleichzeitig aber keinen eigenen Bereich leiten. Zu dieser letzten Gruppe könnten also zum Beispiel einige Pressereferenten gezählt werden, die als Einzelpersonen direkt der Geschäftsführung zugeordnet sind, ohne dabei Leitungsfunktionen wahrzunehmen.

70 Prozent der Befragten nehmen Leitungspositionen wahr, unter ihnen mehrheitlich Männer.

Im Anteil der Frauen bei den Gesamtleitern und Teilbereichsleitern spiegelt sich das Bild der Gesamtstichprobe wider. Jeweils 61 Prozent der Leitungspositionen werden von Männern, 39 Prozent von Frauen bekleidet. Unter den BdP-Mitgliedern ohne Leitungsfunktionen dominieren die Frauen allerdings mit einem Anteil von 55 Prozent.

4.2.3 Aufgabenbereiche und Arbeitsgebiete

Zwar bezieht sich der Pressesprecherverband Kraft seines Namens vorrangig auf das Berufsfeld Presse- und Medienarbeit, in seinen Statuten fasst er das Kriterium einer Mitgliedschaft allerdings weiter – und zwar auch auf „Kommunikationsbeauftragte in Unternehmen, Verbänden, Institutionen und der Politik". Daher ist es sinnvoll, nach Arbeitsgebieten und Aufgabenbereichen der BdP-Mitglieder zu fragen.

Wir unterschieden explizit nach Presse- und Medienarbeit, Investor Relations, Lobbying/Public Affairs und Interner Kommunikation/Human Relations. Diese Frage wurde nur den Teilnehmern der Studie vorgelegt, die nicht die Gesamtleitung der Kommunikation in ihrer Organisation innehatte. Denn Gesamtleitung impliziert meist die Verantwortung für alle oder mehrere dieser Aufgabengebiete.

Bei den übrigen Befragten – 202 Personen – zeigt sich wiederum ein eindeutiger Schwerpunkt im Fachgebiet Presse- und Medienarbeit. 72 Prozent derjenigen Befragten, die nicht die Gesamtleitung der Kommunikation in ihrer Organisation innehaben, arbeiten vorrangig in diesem Bereich. Nur fünf Prozent sind in der internen

Kommunikation beschäftigt, vier Prozent im Lobbying, keiner im Bereich Investor Relations. Die restlichen Fälle verteilen sich auf Beschäftigte, die in mehreren Aufgabengebieten gleichzeitig oder in anderen Bereichen tätig sind. Von allen Befragten arbeiten außerdem 64 Prozent ausschließlich im Bereich Kommunikation. 36 Prozent der Befragten nehmen innerhalb ihrer Organisation auch andere Aufgaben wahr.

4.3 Einkommen

4.3.1 Durchschnittseinkommen in den Organisationen

Ein wichtiges Anliegen dieser Studie besteht darin, für das Berufsfeld eine Übersicht der gezahlten Löhne zu ermitteln. Solche Übersichten existieren für eine ganze Reihe von Branchen und dienen nicht nur berufstätigen Praktikern zum Vergleich. Sie sind zudem wichtiger Hintergrund für Einstellungssituationen. Was kann ein PR-Profi verlangen, wenn er sich zum Beispiel auf die Stelle des Kommunikationschefs eines großen Unternehmens bewirbt? Nicht zuletzt sind solche Zahlen aber auch ein guter Indikator dafür, welchen Stellenwert ein Berufsstand in den Organisationen genießt. So hieß es schon im Mittelalter: „Wen du Wert schätzt und dir erhalten willst, den bezahle gut."

Gefragt wurde danach, wie hoch jeweils das monatliche Bruttoeinkommen im Jahresdurchschnitt war. Die Befragten wurden gebeten, diesen Wert auf 1.000 Euro gerundet anzugeben. Die Frage konnte auf freiwilliger Basis beantwortet werden, dennoch machten über drei Viertel der Befragten Angaben zu ihrem Einkommen.

Das Einkommen der PR-Praktiker ist ein guter Indikator dafür, welchen Stellenwert der Berufsstand in den Organisationen genießt.

EINKOMMEN VON KOMMUNIKATIONSVERANTWORTLICHEN					Tabelle 12

	Monatseinkommem (brutto, auf Tausend Euro gerundet)				
	1.000	2.000	3.000	4.000	5.000
Anteil aller Befragten	1	2	12	21	20
	6.000	7.000	8.000	9.000	10.000 und mehr
Anteil aller Befragten	14	10	6	3	11

Anteil der Befragten in Prozent; n = 521

Aus Tabelle 12 geht hervor, dass die meisten Befragten ihr Einkommen mit etwa 4.000 beziehungsweise 5.000 Euro im Monat angeben. Zusammen machen diese Einkommensgruppen 41 Prozent aus. Nur 15 Prozent verdienen weniger.

Die meisten Befragten verdienen zwischen 4.000 und 5.000 Euro brutto im Monat. Bei der Berechnung des Durchschnittseinkommens aller Befragten ist allerdings zu berücksichtigen, dass es unter den Spitzengehältern über 10.000 Euro (elf Prozent der Befragten) auch Einzelfälle gibt, die Gehälter von beispielsweise 20.000 oder 25.000 Euro beziehen. Auch solche Spitzeneinkommen gehen in die Berechnung von Durchschnittswerten ein und verschieben den Wert etwas nach oben.[35]

Das Durchschnittseinkommen aller Befragten beträgt demnach 6.370 Euro.[36] Die höchsten Löhne werden dabei in der Privatwirtschaft gezahlt. Schließt man hingegen die Befragten mit Spitzengehältern von über 10.000 Euro aus dieser Berechnung aus, so ergibt sich für die restlichen 89 Prozent der BdP-Mitglieder ein durchschnittliches Einkommen von 4.540 Euro.

Nachfolgend haben wir den durchschnittlichen Verdienst aller Befragten nach den unterschiedlichen Organisationsarten differenziert.

Abbildung 13

DURCHSCHNITTSEINKOMMEN NACH ORGANISATIONSART

Gesamt	6.370
Unternehmen/ Privatwirtschaft	6.681
Öffentliche/ staatliche Institution	5.853
Verbände, Vereine, Parteien	5.872

Tausend Euro 0 2 4 6 8 10

Durchschnittliches Bruttoeinkommen im Monat; Angaben in Euro; n = 521

---

[35] Um einen realistischeren Durchschnittswert für das Einkommen der befragten Kommunikationsverantwortlichen zu ermitteln, wurden einige wenige Werte, die alle anderen in übergroßem Maße überstiegen (zu einem kleineren Anteil handelte es sich offensichtlich um Eingabefehler) aus der Berechnung ausgenommen.

[36] Standardabweichung: 5.478; Median: 5.000

Unterscheidet man die Durchschnittseinkommen aller Befragten nach Organisationsart und Organisationsgröße, ergibt sich Folgendes (zunächst für die Unternehmen):

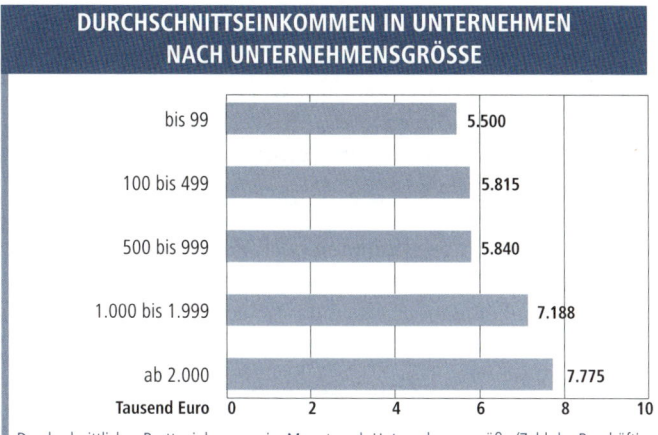

DURCHSCHNITTSEINKOMMEN IN UNTERNEHMEN NACH UNTERNEHMENSGRÖSSE

Abbildung 14

bis 99	5.500
100 bis 499	5.815
500 bis 999	5.840
1.000 bis 1.999	7.188
ab 2.000	7.775

Tausend Euro 0 2 4 6 8 10

Durchschnittliches Bruttoeinkommen im Monat nach Unternehmensgröße (Zahl der Beschäftigten); Angaben in Euro; n = 323

Die Größe der Unternehmen ist für die Gehälter ihrer Kommunikationsfachleute ein entscheidender Faktor. Beträgt das durchschnittliche Monatseinkommen bei kleineren Betrieben unter 100 Beschäftigten 5.500 Euro brutto, so liegt es in großen Firmen bei 7.775 Euro.

Kleinere Betriebe zahlen geringere Gehälter als große Unternehmen.

DURCHSCHNITTSEINKOMMEN NACH ORGANISATIONS-ART UND -GRÖSSE

Tabelle 13

Organisationsart	Organisationsgröße (Zahl der Beschäftigten)					
	bis 99	100 bis 499	500 bis 999	1.000 bis 1.999	mehr als 2.000	alle
Unternehmen/ Privatwirtschaft	5.500	5.815	5.840	7.188	7.775	6.681
Öffentliche/staatliche Institution	6.875	5.482	4.286	4.286	7.944	5.853
Vereine/Verbände/Parteien	6.056	5.292	4.750	4.500	6.875	5.872
Gesamt	5.930	5.652	5.233	6.229	7.748	6.370
Basis	n = 143	n = 132	n = 43	n = 48	n = 155	n = 521

Monatliches Bruttoeinkommen in Euro

In öffentlichen und staatlichen Institutionen verdienen Pressesprecher weniger als in der Privatwirtschaft.

In öffentlichen und staatlichen Institutionen, also Organisationen des Bundes, der Länder, Landkreise, Kommunen und ähnlichem, ist das durchschnittliche Einkommen der Kommunikationsverantwortlichen mit 5.853 Euro im Durchschnitt etwas niedriger als in den Unternehmen. Ähnlich liegt es bei Vereinen, Verbänden und Parteien, und zwar bei 5.872 Euro. Die Mitarbeiterzahl ist für die Abschätzung der Gehälter hier kein so eindeutiger Indikator wie bei den Unternehmen. Spitzenwerte sind zwar ebenfalls bei den größten Organisationen zu verzeichnen, direkt darauf folgen allerdings die kleineren.[37]

4.3.2 Durchschnittseinkommen nach Position und Hierarchie
Es liegt nahe, dass das Einkommen insbesondere davon abhängt, inwieweit ein Befragter eine Leitungsfunktion innehat oder nicht.

Abbildung 15

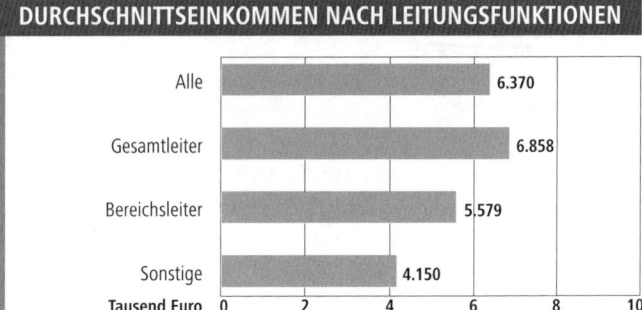

DURCHSCHNITTSEINKOMMEN NACH LEITUNGSFUNKTIONEN

Alle	6.370
Gesamtleiter	6.858
Bereichsleiter	5.579
Sonstige	4.150

Durchschnittliches Bruttoeinkommen im Monat nach Leitungsfunktion; Angaben in Euro; n = 521

Diese Abstufung findet sich in allen Organisationsarten wieder, wobei in den Unternehmen jeweils die höchsten Gehälter gezahlt werden. Hier verdient ein *Gesamtleiter für Organisationskommunikation* im Durchschnitt 7.140 Euro brutto, ein *Bereichsleiter* 6.066 Euro.

Die Stellung der PR/OK-Einheit in der Organisationshierarchie beeinflusst das Einkommen der Beschäftigten, wie die nachfolgende Grafik zeigt. Wir haben uns dabei auf die Einkommen der *Gesamtleiter* beschränkt.

---

[37] Beide Spitzengruppen werden allerdings nur jeweils von vergleichsweise wenigen Befragten repräsentiert, so dass die Aussagekraft der Werte stark eingeschränkt ist.

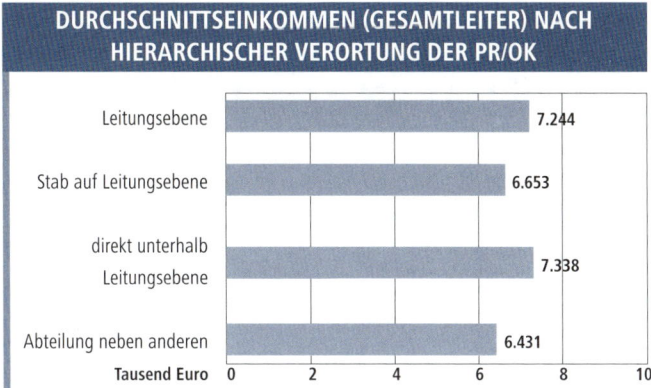

DURCHSCHNITTSEINKOMMEN (GESAMTLEITER) NACH HIERARCHISCHER VERORTUNG DER PR/OK

Abbildung 16

Leitungsebene — 7.244

Stab auf Leitungsebene — 6.653

direkt unterhalb Leitungsebene — 7.338

Abteilung neben anderen — 6.431

Tausend Euro 0 2 4 6 8 10

Durchschnittliches monatliches Bruttoeinkommen von Gesamtleitern nach hierarchischer Verortung ihrer Abteilung in der Organisation; Angaben in Euro; n = 520 [38]

Die höchsten Einkommen haben demzufolge – und nicht überraschend – Kommunikationschefs, die entweder auf der Leitungsebene oder unmittelbar darunter arbeiten, dabei aber zentrale Leitungsbefugnis haben. Diese verdienen im Schnitt 7.244 beziehungsweise 7.338 Euro brutto im Monat. Gesamtleiter auf höchster Leitungsebene verdienen etwas weniger. Das hängt damit zusammen, dass diese Eingliederung bei solchen Organisationen und Organisationsgrößen etwas häufiger ist, in denen generell niedrigere Einkommen gezahlt werden.

Kommunikationschefs mit zentraler Leitungsbefugnis haben im Durchschnitt das höchste Einkommen.

4.3.3 Durchschnittseinkommen nach Geschlecht

Aktuellen Studien zufolge verdienen Frauen in der PR-Branche auch heute noch deutlich weniger als ihre männlichen Kollegen.[39] Folgt man diesen Untersuchungen, so macht der Unterschied im Schnitt etwa 900 Euro pro Monat aus. Selbst auf gleicher Hierarchiestufe werden Frauen demnach schlechter entlohnt. Lässt sich dieser Unterschied zwischen den Geschlechtern auch bei den BdP-Mitgliedern feststellen?

---

[38] Die Ausprägungen „bei unterschiedlichen Fachabteilungen", „einer anderen Abteilung unterstellt" und „sonstiges" wurden nicht in die Aufstellung einbezogen, da zur Ermittlung eines aussagekräftigen Durchschnittswertes zu wenige Nennungen vorlagen.
[39] Vgl. Fröhlich/Peters/Simmelbauer 2005.

Abbildung 17

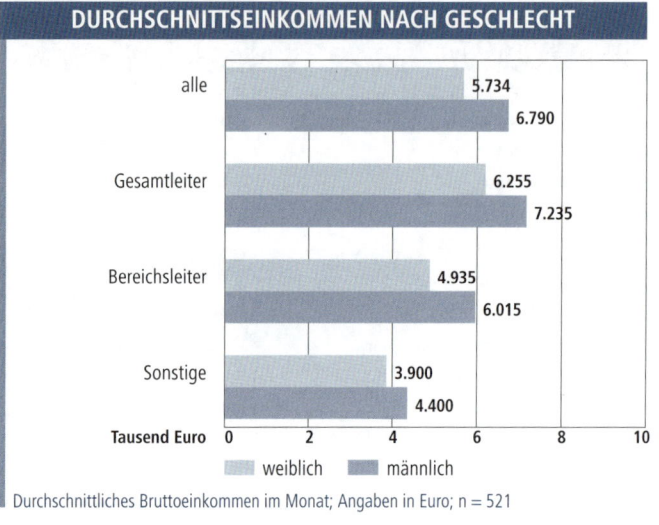

DURCHSCHNITTSEINKOMMEN NACH GESCHLECHT

- alle: 5.734 / 6.790
- Gesamtleiter: 6.255 / 7.235
- Bereichsleiter: 4.935 / 6.015
- Sonstige: 3.900 / 4.400

Tausend Euro 0 2 4 6 8 10

weiblich ▪ männlich

Durchschnittliches Bruttoeinkommen im Monat; Angaben in Euro; n = 521

PR-Frauen verdienen auch auf gleicher Hierarchiestufe monatlich im Durchschnitt rund 1.000 Euro weniger als ihre männlichen Kollegen.

Die Ergebnisse anderer Studien werden in der aktuellen Untersuchung vollends bestätigt. In der Tat verdienen Frauen deutlich weniger als ihre männlichen Kollegen, auch auf gleicher Hierarchiestufe. Dieser Unterschied macht im Durchschnitt etwa 1.000 Euro monatlich aus – und zwar sowohl bei den Gesamtleitern als auch den Bereichsleitern. Nur bei den Befragten ohne solche Leitungsfunktionen schmilzt die Gender-Differenz etwas zusammen. Doch auch hier ist das Einkommen von Männern um 500 Euro höher. Diese geschlechtsabhängigen Gehaltsdifferenzen können natürlich kritisch gesehen werden. Hochgerechnet auf ein ganzes Arbeitsleben wurde in den USA schon vor über zehn Jahren von der „one million dollar-penalty" gesprochen, die Frauen wegen ihrer Geschlechtszugehörigkeit erleiden müssen. Diese „Strafe" ist aber kein berufsspezifisches, sondern ein gesamtgesellschaftliches Problem, das auch nur gesamtgesellschaftlich gelöst werden kann.

4.3.4 Anteil variabler, erfolgsabhängiger Komponenten

Viele Organisationen sind in den vergangenen Jahren dazu übergegangen, Managergehälter zu jeweils unterschiedlichen Anteilen erfolgsabhängig zu staffeln. Auch im Kommunikationsbereich ist diese Praxis inzwischen weit verbreitet. Das zeigt auch unsere Untersuchung. Bei insgesamt 45 Prozent der Befragten, die hierzu

Stellung nehmen,[40] setzt sich das Einkommen zum Teil aus variablen Komponenten zusammen. Die anderen 55 Prozent beziehen hingegen reine Festeinkommen.

Am weitesten verbreitet ist die Praxis der erfolgsabhängigen Honorierung in der Privatwirtschaft. In 59 Prozent der Fälle ist das Einkommen variabel. Bei den öffentlichen und staatlichen Institutionen hingegen geben nur zehn Prozent der Befragten ein variables Einkommen an. Bei der dritten Gruppe der Organisationsarten, den Vereinen, Verbänden und Parteien, sind es 26 Prozent. Wenn ein Teil der Gehälter erfolgsabhängig ausgezahlt wird, wie hoch ist dann dieser Anteil im Bezug auf das Gesamteinkommen?

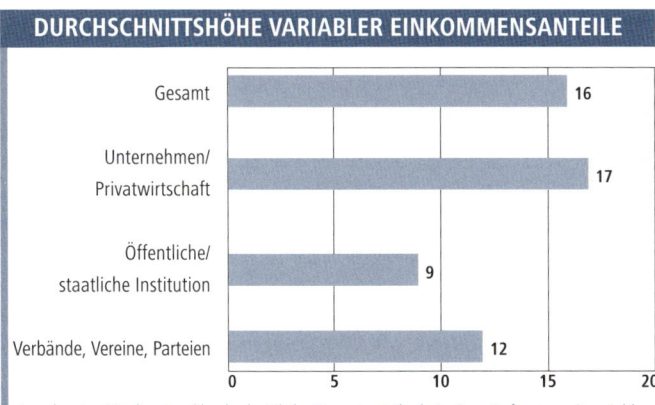

DURCHSCHNITTSHÖHE VARIABLER EINKOMMENSANTEILE　　Abbildung 18

Angaben in Mittelwerten (durchschnittliche Prozentanteile derjenigen Befragten mit variablen Einkommensbestandteilen); n = 277

Im Durchschnitt bestehen 16 Prozent des Gehalts dieser Befragten aus variablen, erfolgsabhängigen Komponenten. Auch hier zeigt sich der Unterschied zwischen Privatwirtschaft und öffentlichem Sektor. Während bei den Unternehmen, die erfolgsabhängig honorieren, im Durchschnitt 17 Prozent des Gehaltes variabel sind, sind es bei den Institutionen nur neun Prozent.

Im Übrigen nimmt dieser Wert mit steigender Organisationsgröße zu. So liegt der erfolgsabhängige Gehaltsanteil beispielsweise bei kleinen Unternehmen (unter 100 Beschäftigte) bei 14 Prozent, bei Großbetrieben hingegen bei 18 Prozent.

Durchschnittlich bestehen 16 Prozent des Einkommens eines PR-Verantwortlichen aus variablen, erfolgsabhängigen Komponenten.

---

[40] 51 Befragte beziehungsweise acht Prozent machten bei dieser Frage keine Angaben.

4.4 Zufriedenheit im Beruf, Beziehung zur Organisationsleitung und Selbstverständnis

4.4.1 Organisationsinterne Kooperation

Uns interessierten nähere Erkenntnisse darüber, wie PR/OK in den Organisationen integriert ist, welche Einflussmöglichkeiten sie hat, aber auch welche Restriktionen existieren. Deshalb legten wir den BdP-Mitgliedern einige – teilweise provokante – Aussagen vor. Diesen konnten sie auf einer Skala von 1 bis 5 gar nicht bis voll und ganz zustimmen. Die Aussagen lauteten wie folgt:

„Oft fehlen meiner PR/OK-Abteilung die Durchsetzungsmöglichkeiten, um Verbesserungsvorschläge organisationsintern zu realisieren."(1)

„Manchmal kommt man sich vor, als sei man die Verlautbarungsstelle des Vorstands/der Organisationsleitung." (2)

„Die gesamte Organisationskommunikation ist häufig nicht genügend aufeinander abgestimmt." (3)

„Manchmal fehlt der Leitung meiner Organisation noch das Verständnis für strategische und integrierte Organisationskommunikation." (4)

„In kommunikativen Fragen berate ich die Organisationsleitung/ den CEO und meine Ratschläge werden bei der Organisationsleitung berücksichtigt." (5)

Die Aussagen 1 bis 4 berühren in negativer Tonalität kritische Aspekte der organisationsinternen Einbindung von PR/OK. Aussage 5 hingegen ist positiv formuliert.

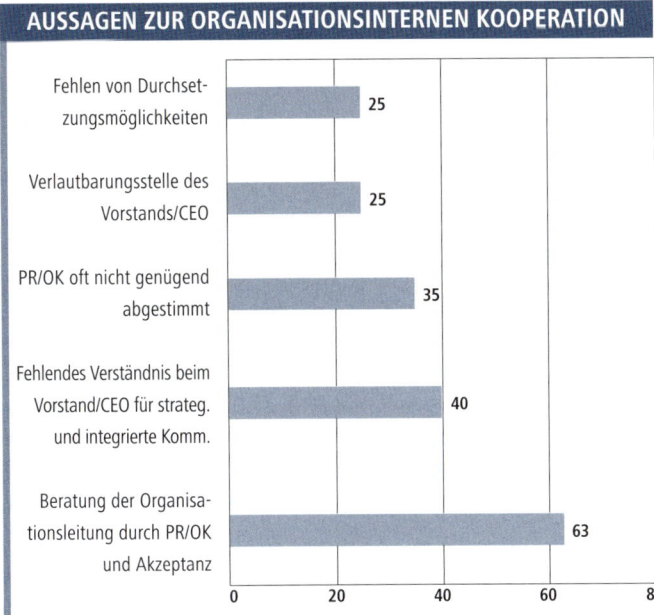

AUSSAGEN ZUR ORGANISATIONSINTERNEN KOOPERATION   Abbildung 19

Fehlen von Durchsetzungsmöglichkeiten: 25

Verlautbarungsstelle des Vorstands/CEO: 25

PR/OK oft nicht genügend abgestimmt: 35

Fehlendes Verständnis beim Vorstand/CEO für strateg. und integrierte Komm.: 40

Beratung der Organisationsleitung durch PR/OK und Akzeptanz: 63

Anteil der Befragten, die den Aussagen zustimmen beziehungsweise voll und ganz zustimmen; Angaben in Prozent; n = 669[41]

Fehlende Durchsetzungsmöglichkeiten der PR/OK-Abteilung beklagen 25 Prozent der Befragten. So viele stimmen der entsprechenden Aussage zu. Dabei liegt nahe, dass dies vor allem Befragte aus solchen Organisationen beklagen, in denen die PR/OK-Einheit auf der Hierarchieleiter relativ weit unten steht. Dort, wo PR/OK bei unterschiedlichen Abteilungen angesiedelt ist oder einer anderen Abteilung untersteht, liegt dieser Wert schon bei 3,0 beziehungsweise 3,2.[42] Ganz anders auf Leitungsebene (2,1) oder direkt darunter (2,6). Hier machen deutlich weniger Befragte solche Erfahrungen.

Ebenfalls 25 Prozent fühlen sich häufiger als *Verlautbarungsstelle der Organisationsleitung*. Dies ist im Übrigen die einzige der fünf Aussagen, in der Unterschiede zwischen den Organisationsarten festzustellen sind. In den öffentlichen und staatlichen Instituti-

Am häufigsten beklagen die BdP-Mitglieder fehlendes Verständnis der Organisationsleitung für strategische und integrierte Kommunikation.

---

[41] Durchschnittlich etwa 0,5 Prozent der Befragten machten zu den einzelnen Aussagen jeweils keine Angaben.

[42] auf der Skala von 1 (stimme gar nicht zu) bis 5 (stimme voll und ganz zu)

onen ist diese Auffassung weit weniger verbreitet als anderswo. Hier stimmten der Aussage nur 15 Prozent zu. Ein noch höherer Anteil der Befragten – 35 Prozent – bemängelte, dass die Organisationskommunikation häufig *nicht genügend aufeinander abgestimmt* sei. Hier besteht offensichtlich noch Handlungsbedarf im Sinne einer integrierten Gesamtkommunikation. 40 Prozent der Kommunikationsverantwortlichen kritisieren demzufolge auch ein *fehlendes Verständnis der Organisationsleitung für strategische und integrierte Kommunikation*. Insgesamt zeigt dies ein deutliches Potenzial an kritischen Vorbehalten gegenüber der Organisationsleitung. Das Bild gestaltet sich jedoch positiver, wenn es um die Zusammenarbeit zwischen PR-Praktikern und Organisationsleitung geht. Immerhin 63 Prozent der Befragten geben an, dass sie den CEO oder Geschäftsführer *in kommunikativen Fragen beraten* – und vor allem, dass dieser Rat auch Gehör findet und akzeptiert wird.

Die Mehrheit der Befragten beraten ihren CEO oder Geschäftsführer in kommunikativen Fragen – und finden damit auch Gehör.

Tabelle 14

AUSSAGEN ZUR ORGANISATIONSINTERNEN KOOPERATION					
	fehlende Durchsetzungsfähigkeit	Verlautbarungsstelle	fehlende Abstimmung	fehlendes strateg. Verständnis	Beratung und Akzeptanz
Gesamtleiter	2,5	2,4	2,9	2,9	3,7
Bereichsleiter	2,9	2,6	3,0	3,1	3,6
Sonstige	3,1	3,2	3,3	3,1	2,9
Gesamt	2,7	2,5	3,0	3,0	3,6
Basis	n = 669	n = 669	n = 668	n = 668	n = 670

Angaben in Mittelwerten; anhand einer Skala von 1 (stimme gar nicht zu) bis 5 (stimme voll und ganz zu)

Insgesamt macht sich in allen Aussagen die jeweilige Leitungsposition des Befragten deutlich bemerkbar. Gesamtleiter für Kommunikation sehen die Beziehung zwischen PR/OK und Organisationsleitung sehr viel positiver als Bereichsleiter. Mitarbeiter ohne Leitungsfunktionen hingegen haben die negativste Einstellung zu den genannten Problemfeldern. Umgekehrt stimmen die Gesamtleiter der Aussage, dass sie die Organisationsleitung berieten und ihr Rat auch angenommen würde, häufiger zu (Mittelwert 3,7) als Bereichsleiter (3,6) und Mitarbeiter ohne Leitungsfunktionen (2,9).

Ähnlich verhält es sich mit der Einschätzung des strategischen Beitrags, den PR/OK zur Organisationspolitik leistet (vgl. Kapitel 3.2.1). Je geringer ein Befragter diesen Beitrag in seiner Organisation einschätzt, desto häufiger kritisiert er die innerorganisatorische Kooperation. Und umgekehrt: Je höher der strategische Beitrag eingeschätzt wird, umso häufiger stimmt der Befragte der Aussage zu, er berate die Organisationsleitung und genieße Akzeptanz.

Statistisch gesehen hängen alle fünf Aussagen sehr eng zusammen. Befragte, die einer der negativen Aussagen besonders zustimmen, tun das ebenso bei den anderen drei.[43] Wer also fehlende Durchsetzungsmöglichkeiten beklagt, fühlt sich auch häufiger als Verlautbarungsstelle und vermisst Abstimmung der Kommunikation und strategisches Verständnis in der Organisationsleitung. Wer allerdings Aussage fünf zustimmt und der Auffassung ist, hohen beratenden Einfluss und Akzeptanz bei der Organisationsleitung zu besitzen, der unterstützt die anderen – negativen – Aussagen deutlich seltener.

> Je höher ein Befragter seinen strategischen Beitrag in der Organisation einschätzt, desto seltener kritisiert er die innerorganisatorische Kooperation.

4.4.2 Zufriedenheit im Beruf
Kommunikationsverantwortliche sind offensichtlich mit ihrer Tätigkeit sehr zufrieden. Das zeigen die Ergebnisse deutlich.

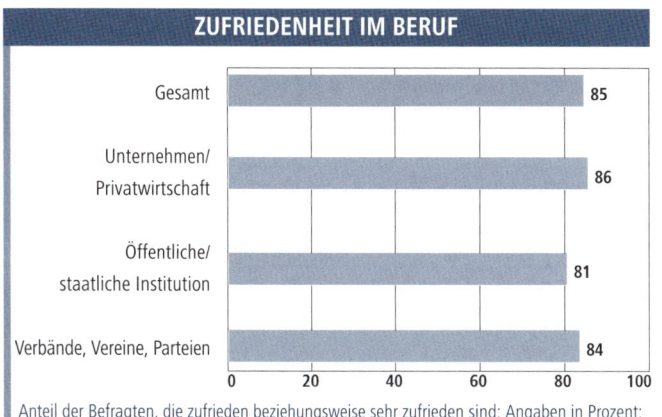

ZUFRIEDENHEIT IM BERUF   Abbildung 20

Gesamt	85
Unternehmen/ Privatwirtschaft	86
Öffentliche/ staatliche Institution	81
Verbände, Vereine, Parteien	84

Anteil der Befragten, die zufrieden beziehungsweise sehr zufrieden sind; Angaben in Prozent; n = 672

---

[43] Berechnet mittels Spaerman'scher Rangkorrelation. Die Koeffizienten zwischen den Aussagen 1 bis 4 liegen zwischen r = 0,348 (Fehlende Abstimmung X Verlautbarungsstelle) und r = 0,551 (Fehlende Abstimmung X Fehlendes strategisches Verständnis).

Die große Mehrheit der BdP-Mitglieder ist mit ihrem Beruf zufrieden.

Insgesamt geben 85 Prozent der Befragten an, in ihrem Beruf zufrieden oder sehr zufrieden zu sein. Auf einer Skala von 1 (gar nicht zufrieden) und 5 (sehr zufrieden) entspricht das einem Mittelwert von 4,2. Unterschiede zwischen den Organisationsarten existieren kaum.

Was sind Ursachen für eine höhere oder geringere Zufriedenheit im Beruf? Wir haben aus den vorigen Kapiteln mögliche Gründe ausgewählt und diese mit der Berufszufriedenheit der Befragten verglichen.[44]

Tabelle 15

MÖGLICHE URSACHEN FÜR ZUFRIEDENHEIT IM BERUF

mögliche Ursachen	Zusammenhang mit Berufszufriedenheit
Fehlende Durchsetzungsmöglichkeiten von PR/OK (4.4.1)	verringert Zufriedenheit deutlich
Gefühl, Verlautbarungsstelle des Vorstands/der Organisationsleitung zu sein (4.4.1)	verringert Zufriedenheit deutlich
Ungenügende Abstimmung der Organisationskommunikation (4.4.1)	verringert Zufriedenheit deutlich
Fehlendes Verständis der Organisationsleitung für strategische und integrierte Kommunikation (4.4.1)	verringert Zufriedenheit deutlich
Beratung der Organisationsleitung/des CEO und Berücksichtigung dieser Ratschläge (4.4.1)	erhöht Zufriedenheit deutlich
hoher strategischer Beitrag der PR/OK zur Organisationspolitik (3.2.1)	erhöht Zufriedenheit deutlich
höhere hierarchische Verortung der PR/OK in der Organisation (3.1.1)	höhere Zufriedenheit
höhere Berufsposition (4.2.2)	höhere Zufriedenheit
höheres Einkommen (4.3.1)	höhere Zufriedenheit

---

[44] Der Vergleich ist mit Hilfe statistischer Verfahren (Spearman'scher Rangkorrelation) möglich.

Insgesamt sind organisationsinterne Akzeptanz und die Möglichkeit, sich nach professionellen Gesichtspunkten in die Organisationspolitik einbringen zu können, für Kommunikationsverantwortliche besonders wichtig. Zumindest sind das die Kriterien, die sich signifikant in der Zufriedenheit mit dem Beruf niederschlagen. Demgegenüber wirkt sich beispielsweise die Höhe des Einkommens deutlich geringer aus.

Mit den Aussagen im vorherigen Kapitel (4.4.1) haben wir bereits einige wichtige Indikatoren für Zufriedenheit im Beruf ausgewählt. So zeigt es sich sehr deutlich in der Zufriedenheit der Befragten, wenn sie den Eindruck haben, dass ihrer PR/OK-Abteilung die Durchsetzungsmöglichkeiten fehlen, um Verbesserungsvorschläge organisationsintern zu realisieren.[45] Beinahe ebenso stark drücken eine mangelnde Abstimmung der Organisationskommunikation und ein fehlendes Verständnis der Organisationsleitung für strategische und integrierte Kommunikation auf die Stimmung der Befragten.[46] Auch das Gefühl, bloße Verlautbarungsstelle zu sein, empfinden sie als unbefriedigend.

Organisationsintere Akzeptanz ist den Befragten wichtiger als ein hohes Gehalt.

Wenn Kommunikationsverantwortlichen hingegen vielfältige Möglichkeiten zur Verfügung stehen, die Organisationsleitung professionell zu beraten und sie damit auch Gehör finden, wirkt sich das positiv auf die Berufszufriedenheit aus.[47]

Denselben Kontext trifft die Frage nach dem strategischen Beitrag, den die PR/OK-Einheit zur Organisationspolitik leistet. Auch hier zeigt sich ein deutlicher Zusammenhang zur Zufriedenheit im Beruf.[48]

Zudem lässt sich eine Verbindung zwischen der Berufszufriedenheit und der hierarchischen Verortung von PR/OK innerhalb der Organisation ausmachen. Wo die PR-Einheit sehr hoch angesiedelt ist, ist auch die Zufriedenheit der Befragten mit ihrem Beruf höher. Auch dies hat offensichtlich mit den besseren Möglichkeiten zu tun, sich aktiv in die Organisationspolitik einzubringen.

---

[45] Korrelation mit Zufriedenheit; r = -0,366
[46] Korrelation mit Zufriedenheit; r = -0,357 und r = -0,28
[47] Korrelation mit Zufriedenheit; r = 0,260
[48] Korrelation mit Zufriedenheit; r = 0,295

4.4.3 Berufliches Selbstverständnis

Welches Selbstverständnis haben Kommunikationsverantwortliche in ihrer beruflichen Tätigkeit? Fühlen sich die PR-Profis vorrangig als *Mittler* zwischen Organisation und Öffentlichkeit im Sinne eines Interessenausgleichs oder eher als *Interessenvertreter?* Die erste Möglichkeit steht für ein primär dialogisches Verständnis von Public Relations oder Organisationskommunikation: Dabei werden die Belange der Öffentlichkeit ernst genommen und gegenüber der eigenen Organisation deutlich gemacht. Interessenvertreter hingegen sehen sich stärker der eigenen Organisation verpflichtet, ähnlich etwa dem *Sprecher*. Der reflektiert demgegenüber etwas stärker auf seine Rolle nach außen. Auch der *Aufklärer* definiert sich eher über externe Funktionen beziehungsweise die Informationsfunktion seines Berufs. Ihm geht es vor allem darum, Inhalte zu vermitteln und Zusammenhänge zu verdeutlichen. Der *Berater* hingegen sieht den Schwerpunkt seiner Tätigkeit im Inneren der Organisation – als sachverständiger Partner der Organisationsführung. Die sechste Variante persönlichen Selbstverständnisses, die wir den Befragten vorlegten, bezog sich auf einen beruflichen Hintergrund: *Journalist in wirtschaftlichen und gesellschaftlichen Organisationen*. Wir hatten weiter oben bereits festgestellt, dass ein erheblicher Anteil der PR-Praktiker aus dem Journalismus kommt (vgl. 4.1.1). Häufig sehen sich solche Personen auch weiterhin als Journalisten, die nur die Seite des Schreibtisches gewechselt haben. Auch in den Redaktionen werden die Kommunikatoren häufig als „Journalisten in Organisationen" bezeichnet. Interessanterweise rechnen die Medienvertreter häufig solche „Kollegen" gar nicht der von ihnen oft als werblich und persuasiv empfundenen PR-Branche zu. Das ist offensichtlich ein Teil des manchmal verzerrten Images, das Journalisten von dem Berufsfeld der Organisationskommunikatoren haben.

Die Teilnehmer unserer Umfrage konnten unter diesen sechs Möglichkeiten diejenigen auswählen, die ihr persönliches Berufsverständnis am ehesten charakterisieren. Mehrfachnennungen waren möglich.

SELBSTVERSTÄNDNIS VON KOMMUNIKATIONS-VERANTWORTLICHEN   Abbildung 21

Anteil der Befragten, die das entsprechende Selbstverständnis angeben; Angaben in Prozent; Mehrfachnennungen möglich; n = 672

Am häufigsten verstehen sich die Befragten demnach als Mittler zwischen Organisation und Öffentlichkeit. 86 Prozent machen sich dieses Selbstverständnis zu Eigen. Mit deutlichem Abstand folgt die Selbsteinschätzung als Berater (59 Prozent) und die als Sprecher (57 Prozent).

13 Prozent der Kommunikationsverantwortlichen haben ein journalistisches Selbstverständnis. Hier ist der Vergleich vor dem beruflichen Hintergrund dieser Befragten interessant. Von denjenigen, die aus dem Journalismus kommen, sehen sich noch 25 Prozent weiterhin als Journalist – also deutlich mehr als im Durchschnitt.

Nachfolgende Aufstellung zeigt die verschiedenen Selbstverständnisse nach Organisationsart gegliedert.

Am häufigsten verstehen sich die Befragten als Mittler zwischen Organisation und Öffentlichkeit, als Berater und als Sprecher.

Tabelle 16

SELBSTVERSTÄNDNIS VON KOMMUNIKATIONSVER-ANTWORTLICHEN NACH ORGANISATIONSART				
Tätigkeiten, Aufgaben	Organisationsart			
	Gesamt	Unternehmen	Öffentliche/ staatliche Institutionen	Vereine, Verbände, Parteien
Mittler zwischen Organisation und Öffentlichkeit	86	85	88	88
Sprecher der Organisation	57	56	64	54
Interessenvertreter/Repräsentant der Organisation	48	47	47	49
Aufklärer	32	30	41	34
Berater von Vorstand und Geschäftsführung	59	60	57	56
Journalist in wirtschaftlichen und gesellschaftlichen Organisationen	13	12	14	16
Sonstiges	3	3	2	2

Anteil der Befragten, die das entsprechende Selbstverständnis angeben; Mehrfachnennungen möglich; n = 672

4.5 Professionelles Handeln im Beruf

4.5.1 Aufgaben und Tätigkeiten

Wie gestaltet sich der Berufsalltag der BdP-Mitglieder? Welche Tätigkeiten und Aufgaben nehmen Kommunikationsverantwortliche wahr? Das sollte anhand einer Batterie mit insgesamt 14 Einzelfragen erfasst werden. Den Befragten wurde eine Liste mit ausgewählten, typischen PR-Aufgaben vorgelegt. Die Teilnehmer mussten angeben, welchen Zeitanteil sie für diese Tätigkeiten jeweils aufwendeten. Sie konnten ihre Antworten anhand einer Skala von 1 bis 5 abstufen. Dabei bedeutete 1, dass die Befragten diese Tätigkeiten überhaupt nicht durchführten, während 5 einen sehr hohen Zeitanteil beschrieb. Wie auch in den eben vorgestellten Fragen ging es hier um die persönliche Erfahrung des befragten PR-Praktikers. Die Teilnehmer mussten also ihre eigene Tätigkeit im PR/OK-Bereich reflektieren.

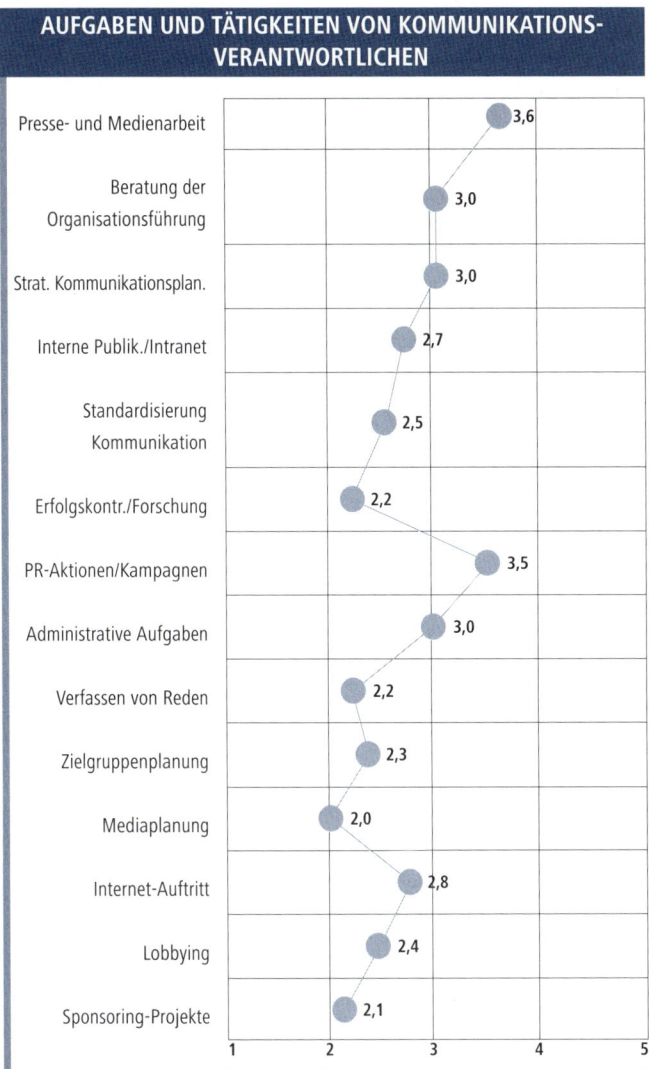

AUFGABEN UND TÄTIGKEITEN VON KOMMUNIKATIONS-VERANTWORTLICHEN

Abbildung 22

Presse- und Medienarbeit	3,6
Beratung der Organisationsführung	3,0
Strat. Kommunikationsplan.	3,0
Interne Publik./Intranet	2,7
Standardisierung Kommunikation	2,5
Erfolgskontr./Forschung	2,2
PR-Aktionen/Kampagnen	3,5
Administrative Aufgaben	3,0
Verfassen von Reden	2,2
Zielgruppenplanung	2,3
Mediaplanung	2,0
Internet-Auftritt	2,8
Lobbying	2,4
Sponsoring-Projekte	2,1

1 2 3 4 5
kein Zeitanteil   sehr hoher Zeitanteil

Den größten Anteil der Arbeitszeit beansprucht die Zusammenarbeit mit Journalisten.

Aufgewendete Zeit für Aufgaben und Tätigkeiten; Angaben in Mittelwerten; anhand einer Skala von 1 (kein Zeitanteil) bis 5 (sehr hoher Zeitanteil); n = 672

Die Zusammenarbeit mit Journalisten ist bei den BdP-Mitgliedern die Aufgabe, die den größten Anteil ihrer Arbeitszeit beansprucht. Unmittelbar dahinter folgt das Planen und Durchführen von PR-Aktionen beziehungsweise PR-Kampagnen. Aufgaben der Administration und der strategischen Planung sowie die Beratung der Organisationsführung nehmen im Durchschnitt einen mittleren Zeitanteil ein.

Interessant ist die Auswertung nach der Frage, welcher Anteil der Befragten die Aufgaben jeweils gar nicht ausführt.

Abbildung 23

NIE AUSGEFÜHRTE AUFGABEN UND TÄTIGKEITEN

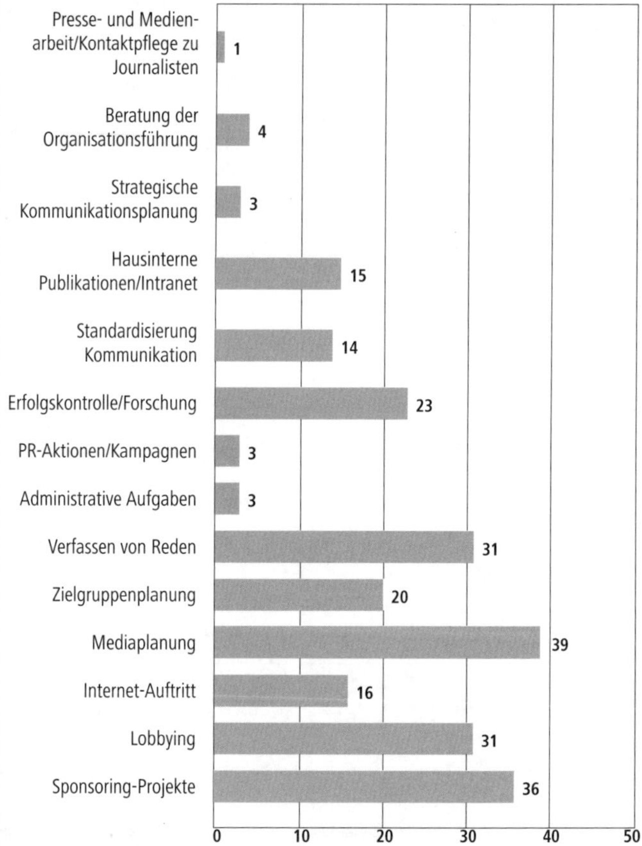

Ein Viertel der Befragten befasst sich nie mit der Erfolgskontrolle der eigenen Arbeit.

Tätigkeit	Wert
Presse- und Medienarbeit/Kontaktpflege zu Journalisten	1
Beratung der Organisationsführung	4
Strategische Kommunikationsplanung	3
Hausinterne Publikationen/Intranet	15
Standardisierung Kommunikation	14
Erfolgskontrolle/Forschung	23
PR-Aktionen/Kampagnen	3
Administrative Aufgaben	3
Verfassen von Reden	31
Zielgruppenplanung	20
Mediaplanung	39
Internet-Auftritt	16
Lobbying	31
Sponsoring-Projekte	36

Anteil der Befragten, die die genannten Tätigkeiten nicht ausführen (kein Zeitanteil); Angaben in Prozent; n = 672

Die Arbeitszeit verteilt sich bei den verschiedenen Organisationsarten der Befragten relativ gleich auf die unterschiedlichen Tätigkeiten.

| AUFGABEN UND TÄTIGKEITEN VON KOMMUNIKATIONS-VERANTWORTLICHEN NACH LEITUNGSPOSITION | | | | Tabelle 17 |

| Tätigkeiten, Aufgaben | Leitungsposition | | | |
	Gesamt	Gesamt-leiter	Bereichs-leiter	Sonstige
Presse- und Medienarbeit/Kontaktpflege zu Journalisten	3,6	3,5	3,7	3,6
Beratung der Organisationsführung	3,0	3,0	2,9	2,4
Planung der Organisationskommunikation	3,0	3,1	3,0	2,4
Hausinterne Publikationen/Intranet	2,7	2,8	2,5	2,5
Standardisierung der Kommunikation	2,5	2,6	2,4	2,3
Erfolgskontrolle/ empirische Forschung	2,2	2,2	2,2	2,1
Planung/Durchführung von PR-Aktionen/ Kampagnen	3,5	3,5	3,4	3,3
Administrative Aufgaben	3,0	3,1	3,1	2,8
Verfassen von Reden	2,2	2,2	2,2	2,3
Zielgruppenplanung	2,3	2,4	2,1	2,1
Mediaplanung	2,0	2,1	1,9	1,7
Internet-Auftritt	2,8	2,9	2,5	2,5
Lobbying	2,4	2,5	2,2	1,8
Sponsoring-Projekte	2,1	2,2	2,1	1,9
Basis	n = 672	n = 470	n = 153	n = 49

Aufgewendete Zeit für Aufgaben und Tätigkeiten; Angaben in Mittelwerten; anhand einer Skala von 1 (kein Zeitanteil) bis 5 (sehr hoher Zeitanteil)

Bereichsleiter für Kommunikation investieren den höchsten Zeitanteil in die Medienarbeit.

Vergleicht man die Position der Befragten in ihren Organisationen miteinander, so widmen sich offenbar die Gesamtleiter den genannten Aufgaben am umfangreichsten, gefolgt von den Bereichsleitern und sonstigen Kommunikationsverantwortlichen. Eine Ausnahme bildet – das liegt nahe – die Presse- und Medienarbeit. Hier investieren die Bereichsleiter mehr Zeit. Wir hatten weiter oben (4.2.3) bereits festgestellt, dass die Bereichsleiter in den meisten Fällen originär für die Presse- und Medienarbeit in ihren Organisationen zuständig sind.

Auch die Organisationsgröße hat kaum Einfluss. Der einzig markante Unterschied besteht darin, dass Kommunikationsfachleute in größeren Organisationen einen höheren Aufwand für interne Publikationen angeben. Das liegt nahe, denn das Vorhandensein beispielsweise einer Mitarbeiterzeitschrift, redaktionellen Intranets oder internen Rundfunks ist vor allem eine Frage der Beschäftigtenzahl.

AUFGABEN UND TÄTIGKEITEN VON KOMMUNIKATIONS-VERANTWORTLICHEN IN UNTERNEHMEN[49]

Abbildung 24

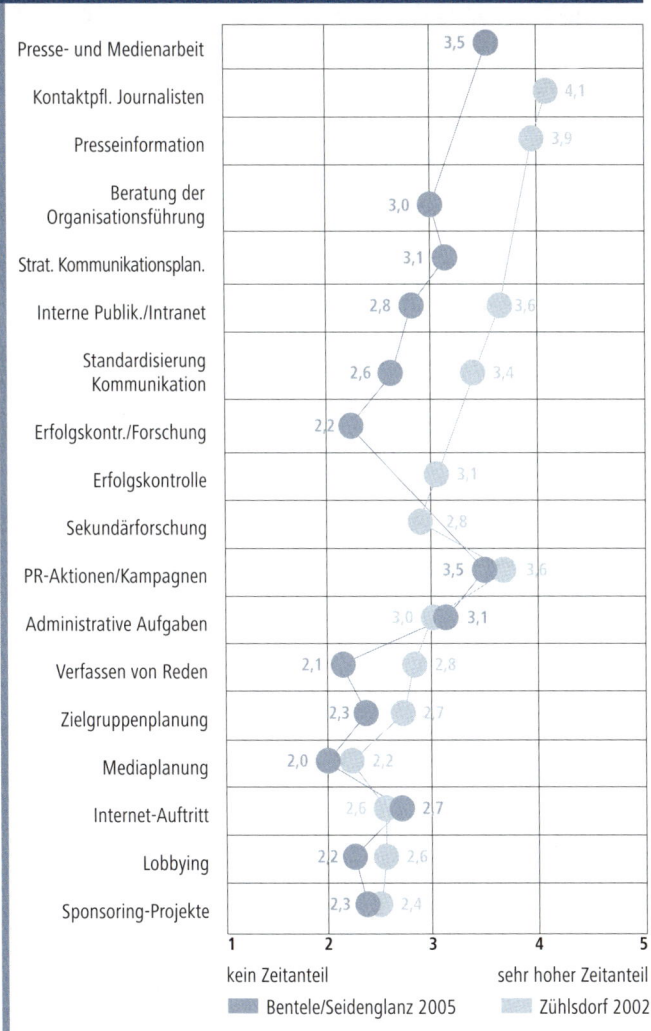

Presse- und Medienarbeit	3,5	
Kontaktpfl. Journalisten	4,1	
Presseinformation	3,9	
Beratung der Organisationsführung	3,0	
Strat. Kommunikationsplan.	3,1	
Interne Publik./Intranet	2,8	3,6
Standardisierung Kommunikation	2,6	3,4
Erfolgskontr./Forschung	2,2	
Erfolgskontrolle	3,1	
Sekundärforschung	2,8	
PR-Aktionen/Kampagnen	3,5	3,6
Administrative Aufgaben	3,0	3,1
Verfassen von Reden	2,1	2,8
Zielgruppenplanung	2,3	2,7
Mediaplanung	2,0	2,2
Internet-Auftritt	2,6	2,7
Lobbying	2,2	2,6
Sponsoring-Projekte	2,3	2,4

kein Zeitanteil sehr hoher Zeitanteil

■ Bentele/Seidenglanz 2005   ■ Zühlsdorf 2002

Aufgewendete Zeit für Aufgaben und Tätigkeiten; Angaben in Mittelwerten; anhand einer Skala von 1 (kein Zeitanteil) bis 5 (sehr hoher Zeitanteil); n = 672

[49] Zühlsdorf verwendet eine Skala von 5 (kein Zeitanteil) bis 1 (sehr hoher Zeitanteil) – also genau umgekehrt der von uns eingesetzten Skala. Daher wurden die Mittelwerte aus der Untersuchung von Zühlsdorf in die hier verwendete Skala umgerechnet. Dass dies aus forschungslogischer Sicht zu einigen Einschränkungen in der Aussagekraft der Daten führt, war uns dabei bewusst.

Interessant ist der Vergleich der Ergebnisse von Kommunikationsverantwortlichen mit den Aussagen von PR-Mitarbeitern aus dem Jahr 1997. Während sich die vorliegende Studie auf PR-Praktiker in verantwortlichen Positionen konzentriert, erfasste Anke Zühlsdorf in ihrer Untersuchung das Tätigkeitsspektrum der gesamten PR-Abteilung, also auch einfache Mitarbeiter und allein ausführendes Personal.[50] In der Tendenz sind keine gravierenden Unterschiede zu erkennen. Im Detail allerdings zeigen sich einige interessante Differenzen. So ist der Zeitanteil für Kontaktpflege zu Journalisten und Presseinformation in der 97er Studie höher. Auch die Standardisierung der Kommunikation und interne Publikationen nehmen sehr viel mehr Zeit in Anspruch. Dafür bieten sich zwei Interpretationen an: Zum einen dürften Mitarbeiter solche Aufgaben tatsächlich stärker durchführen als Führungspersonal. Eine Rolle könnten auch grundlegende Veränderungen in der Arbeitsweise von PR-Praktikern über die Zeit zwischen 1997 und 2005 spielen.

4.5.2 Ziele

Im Anschluss befragten wir die BdP-Mitglieder nach den wichtigsten Zielen der PR/OK in ihrer Organisation. Auch hier konnten sie ihre Antwort auf einer Skala von 1 (völlig unwichtig) bis 5 (sehr wichtig) abstufen.

---

[50] Vgl. Zühlsdorf 2002: 308.

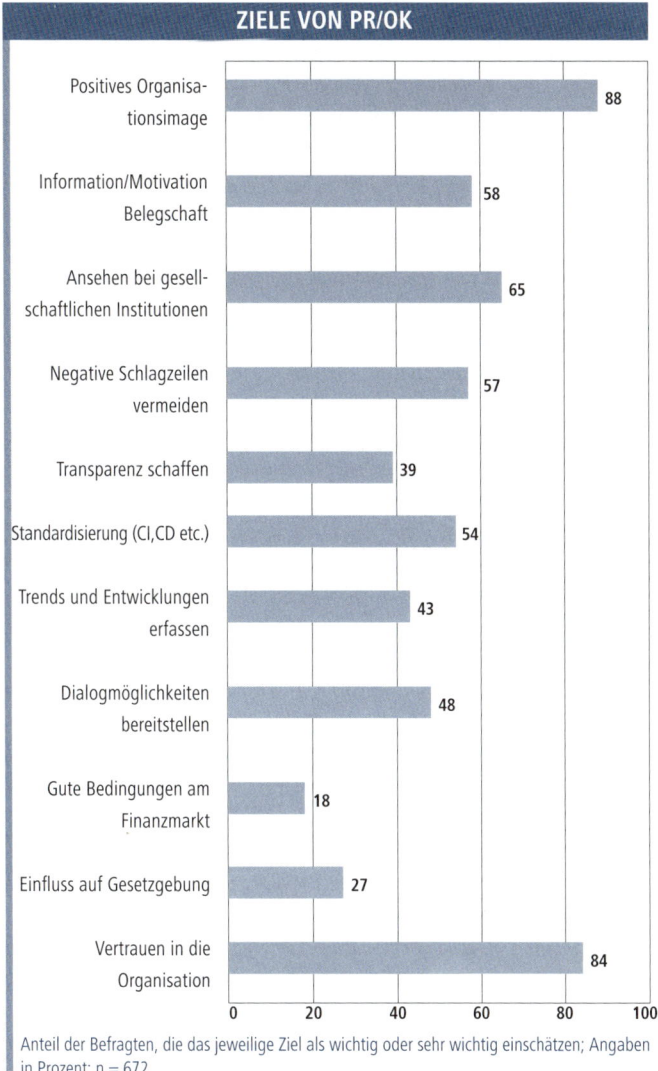

ZIELE VON PR/OK

Abbildung 25

- Positives Organisationsimage: 88
- Information/Motivation Belegschaft: 58
- Ansehen bei gesellschaftlichen Institutionen: 65
- Negative Schlagzeilen vermeiden: 57
- Transparenz schaffen: 39
- Standardisierung (CI,CD etc.): 54
- Trends und Entwicklungen erfassen: 43
- Dialogmöglichkeiten bereitstellen: 48
- Gute Bedingungen am Finanzmarkt: 18
- Einfluss auf Gesetzgebung: 27
- Vertrauen in die Organisation: 84

Anteil der Befragten, die das jeweilige Ziel als wichtig oder sehr wichtig einschätzen; Angaben in Prozent; n = 672

Der Aufbau und Erhalt eines positiven Organisationsimages ist für die meisten Befragten das wichtigste Ziel ihrer Arbeit.

Der Aufbau und der Erhalt eines positiven Organisationsimages ist das Ziel, das die meisten Kommunikationsverantwortlichen verfolgen. Für 88 Prozent der Befragten stellt das eine wichtige oder sehr wichtige Zielstellung der PR/OK ihrer Organisation dar. Beinahe ebenso bedeutend ist es für die BdP-Mitglieder, Vertrauen in ihre Organisationen zu schaffen und dieses zu bewahren. 84 Prozent halten dieses Ziel für wichtig oder sehr wichtig. Die entscheidende Bedeutung von Vertrauensgenese und -erhalt für die PR/OK haben auch frühere Untersuchungen immer wieder verdeutlicht.[51]

Die BdP-Mitglieder streben vor allem nach Vertrauen und Ansehen bei (externen) Bezugsgruppen.

Es sind somit vor allem Image und Vertrauen, also Einstellungswerte bei (externen) Bezugsgruppen, nach denen die Befragten streben. Dazu gehört auch das Ziel, Ansehen bei gesellschaftlichen und politischen Institutionen zu schaffen. 65 Prozent bekennen sich dazu, damit gewinnt diese Ausprägung die dritthöchste Zustimmung.

Danach folgen stärker auf die konkrete Umsetzung bezogene, eher operationale Ziele wie die Information und Motivation der Belegschaft (58 Prozent), die Vermeidung negativer Schlagzeilen über die Organisation beziehungsweise, einer negativen Berichterstattung vorzubeugen (57 Prozent) oder die Standardisierung des Organisationsauftrittes (54 Prozent). Vergleicht man die Befragten nach ihrer Position, so zeigt sich, dass dieses zuletzt genannte Ziel eher von den Gesamtleitern für Organisationskommunikation als von Bereichsleitern oder sonstigen Kommunikationsverantwortlichen geteilt wird.

Ziele, die vordergründig mit indirekter Erfolgserwartung oder mit strategischer Kommunikationspolitik in Zusammenhang stehen – wie die Beobachtung des Organisationsumfeldes, Transparenz und Dialog – werden demgegenüber im Durchschnitt etwas weniger relevant eingeschätzt.

Trends und Entwicklungen im organisatorischen Umfeld beziehungsweise in der Gesellschaft zu erfassen, ist ein wesentlicher, ja grundlegender Bestandteil des Issues Managements. 43 Prozent der Befragten halten dieses Ziel für wichtig oder sehr wichtig. Gesamtleiter verfolgen auch diese Zielstellung stärker als andere Befragte.

39 Prozent der BdP-Mitglieder sehen Transparenz als wichtiges Ziel ihrer Arbeit. Transparenz über die Organisationspolitik zu schaffen, wird im internationalen Vergleich vor allem in den USA seit einigen Jahren als immer relevanter für unternehmerischen oder organisatorischen Erfolg eingeschätzt. Sicher haben zu dieser Diskussion insbesondere spektakuläre Firmenzusammenbrüche,

---

[51] Vgl. z.B. Riefler 1988: 38; Zühlsdorf 2002: 309; Röttger et al. 2003: 323.

wie zum Beispiel Enron und Worldcom oder die Vorkommnisse um Arthur Anderson geführt. Aus gutem Grund beteiligen sich dort Spitzenmanager betroffener Branchen an der Kontroverse – wie etwa der CEO von PriceWaterhouseCooper, Samuel DiPiazza. Er hielt 2002 mit seiner viel beachteten Publikation zum Thema ein Plädoyer für mehr strategische Transparenz, die er als wesentlichen Baustein zu positivem Image und Vertrauen in die Organisation darstellte.[52]

Einen Dialog mit interessierten Gruppen zu initiieren, ist für 48 Prozent der Befragten ein wesentliches Ziel.

Die Einflussnahme auf Gesetzgebungsverfahren (27 Prozent) und die Schaffung günstiger Bedingungen am Finanzmarkt (18 Prozent) stehen am Ende der Auswertung. Diese Ziele sind ohnehin auf bestimmte Bereiche wie Public Affairs beziehungsweise bestimmte Organisationstypen wie Aktiengesellschaften beschränkt und daher nicht für alle Befragten von Bedeutung.

Rund die Hälfte der Befragten möchten durch ihre Arbeit einen Dialog mit interessierten Gruppen initiieren.

---

[52] Vgl. DiPiazza/Eccles 2002.

Tabelle 18

ZIELE VON PR/OK NACH ORGANISATIONSART

Ziele	Organisationsart			
	Gesamt	Unternehmen	Öffentliche/ staatliche Institutionen	Vereine, Verbände, Parteien
Aufbau und Erhalt eines positiven Organisationsimages	4,5	4,5	4,6	4,5
Information und Motivation der Belegschaft	3,6	3,8	3,4	3,1
Ansehen bei gesellschaftlichen und politischen Institutionen schaffen	3,9	3,6	4,4	4,4
Organisation aus negativen Schlagzeilen heraushalten	3,6	3,7	3,7	3,3
Transparenz über die Organisationspolitik schaffen	3,1	3,1	3,4	3,1
Standardisierung des Organisationsauftritts (insbesondere CI, CD)	3,5	3,5	3,6	3,5
Trends und gesellschaftliche Entwicklungen erfassen	3,2	3,2	3,2	3,4
Dialogmöglichkeiten mit interessierten Gruppen bereitstellen	3,3	3,3	3,3	3,6
Schaffung günstiger Bedingungen am Finanzmarkt	2,1	2,4	1,4	1,6
Einflussnahme auf Gesetzgebungsverfahren	2,5	2,2	2,7	3,5
Vertrauen in die Organisation schaffen und erhalten	4,3	4,3	4,5	4,5
Basis	n = 672	n = 431	n = 105	n = 136

Bedeutung von Zielen; Angaben in Mittelwerten; anhand einer Skala von 1 (völlig unwichtig) bis 5 (sehr wichtig)

In der Tat sind die beiden Zielstellungen *Einflussnahme auf Gesetzgebungsverfahren* und *Schaffung günstiger Bedingungen auf dem Finanzmarkt* in den einzelnen Organisationsarten sehr unterschiedlich verteilt.

So ist die Einflussnahme auf die Politik vor allem bei Vereinen, Verbänden und Organisationen der öffentlichen Willensbildung ein wichtiges Ziel. Der Mittelwert von 3,5 liegt deutlich über dem Durchschnitt. Dort ist im Übrigen auch die Erfassung gesellschaftlicher Trends von erhöhter Bedeutung, ebenso wie die Schaffung von Dialogmöglichkeiten. All das liegt offensichtlich in der inhaltlichen Ausrichtung solcher Organisationen begründet. Deren zentrale Aufgabe besteht häufig darin, wirtschaftliche und politische Interessen zu vertreten.

Das Interesse für die Bedingungen am Finanzmarkt ist hingegen in der Privatwirtschaft besonders groß. Auch das liegt nahe. Hier wiederum lässt sich ein Schwerpunkt bei größeren Unternehmen feststellen, die häufiger als Aktiengesellschaften organisiert sind.

Das Ziel, Transparenz zu schaffen, ist vor allem für die Befragten aus dem öffentlichen Sektor von höherem Belang. Das hängt offenbar auch mit der gesetzlich verankerten Auskunftspflicht vieler Einrichtungen zusammen.

Politischen Einfluss nehmen wollen vor allem PR-Praktiker in Vereinen, Verbänden und Parteien. Für die Bedingungen am Finanzmarkt interessieren sie sich vor allem in der Privatwirtschaft.

4.5.3 Zielgruppen

Neben den Zielen der PR/Organisationskommunikation interessierten uns ebenso die bevorzugten Zielgruppen. Wiederum konnten die Befragten anhand einer Fünfer-Skala einschätzen, wie wichtig die genannten Zielgruppen für ihren Bereich sind.

Abbildung 26

Anteil der Befragten, die die Zielgruppen als wichtig oder sehr wichtig einschätzen; Angaben in Prozent; n = 672

Interne Zielgruppen sind nach den Journalisten am relevantesten für die Organisationskommunikation.

Unter allen genannten Zielgruppen sind *Journalisten* beziehungsweise die Medien absolut dominant. Fast alle befragten BdP-Mitglieder – 94 Prozent – schätzen diese Zielgruppe als wichtig oder sehr wichtig ein. Erst mit deutlichem Abstand folgen die *Mitarbeiter* und *Mitglieder* (74 Prozent) sowie *Führungskräfte* der eigenen Organisation (73 Prozent).

Nach den Journalisten sind demnach die internen Zielgruppen von PR/OK für die Befragten von entscheidender Relevanz. Andere externe Stakeholder wie *Kunden* und *Lieferanten* (54 Prozent) sowie *Politiker* und *staatliche Institutionen* (51 Prozent) sind demgegenüber etwas weniger bedeutend.

ZIELGRUPPEN VON PR/OK NACH ORGANISATIONSART — Tabelle 19

Zielgruppen	Organisationsart			
	Gesamt	Unternehmen	Öffentliche/ staatliche Institutionen	Vereine, Verbände, Parteien
Journalisten/Medien	4,7	4,7	4,9	4,8
Kunden, Lieferanten	3,5	3,9	3,0	2,7
Mitarbeiter bzw. Mitglieder	4,1	4,1	3,9	4,1
Führungskräfte der eigenen Organisation	4,0	4,1	3,9	3,8
Politiker/staatliche Institutionen	3,4	2,9	4,3	4,3
Aktionäre/Kapitalgeber	2,5	2,9	1,7	1,8
Bürgerinitiativen, Umweltverbände, andere gesellschaftliche Gruppen	2,6	2,4	2,8	3,1
Wettbewerber	2,7	2,9	2,2	2,4
Basis	n = 672	n = 431	n = 105	n = 136

Bedeutung von Zielgruppen; Angaben in Mittelwerten; anhand einer Skala von 1 (völlig unwichtig) bis 5 (sehr wichtig)

Unterschiedliche organisatorische Zielstellungen finden Widerhall in den Zielgruppen der einzelnen Organisationsarten. Das zeigt sich bei den Unternehmen in der vergleichsweise höheren Bedeutung von Kunden, Lieferanten, Wettbewerbern und Kapitalgebern. Die Relevanz der Aktionäre und Kapitalgeber nimmt mit steigender Unternehmensgröße zu. Das hängt natürlich – wie oben bereits angemerkt – damit zusammen, dass größere Unternehmen häufiger als Aktiengesellschaft firmieren. Aber auch in der Privatwirtschaft entspricht die Rangfolge der Zielgruppen weitgehend der Gesamtstichprobe. An der Spitze stehen mit deutlichem Abstand die Journalisten, gefolgt von internen Zielgruppen. Erst danach werden Kunden und Lieferanten genannt.

Bei den PR/OK-Einheiten der anderen Organisationsarten hingegen stehen Politiker und staatliche Institutionen an zweiter Stelle.

Bei nicht privatwirtschaftlichen Organisationen steht die Zielgruppe der Politiker und staatlichen Institutionen nach den Medienvertretern an zweiter Stelle.

4.5.4 Erfolgskriterien

Anhand welcher Faktoren lässt sich – nach Einschätzung der Kommunikationsverantwortlichen – der Erfolg der Arbeit für ihre Organisation ablesen? Was sind die entscheidenden Erfolgskriterien? Eine hohe Medienresonanz oder eine positive Berichterstattung, Akzeptanz und Vertrauen bei wichtigen Stakeholdern? Was soll Kommunikation bewirken? Die nachfolgende Grafik gibt Antwort.

Abbildung 27

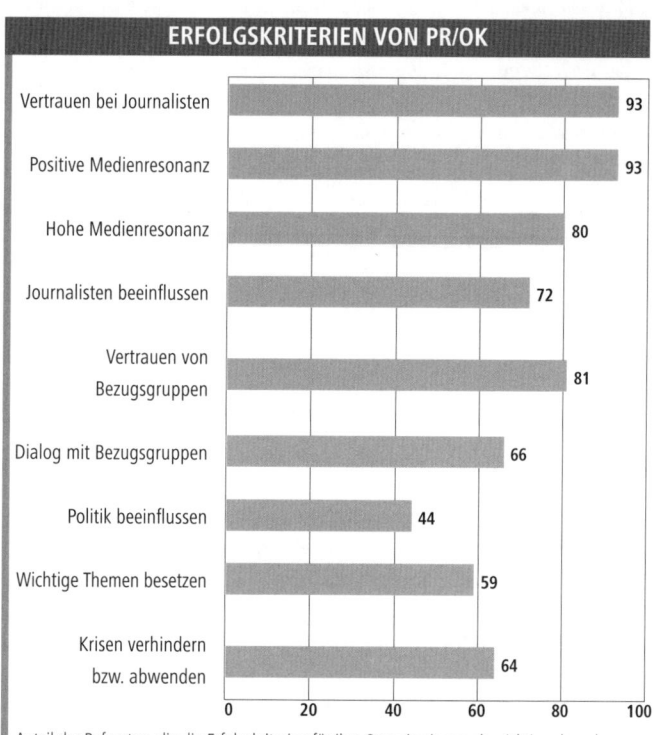

Anteil der Befragten, die die Erfolgskriterien für ihre Organisationen als wichtig oder sehr wichtig einschätzen; Angaben in Prozent; n = 672

Zentrale Indikatoren für PR-Erfolg sind Vertrauen bei Journalisten und eine positive Medienresonanz.

Erneut zeigt sich, wie stark der Medienbezug der befragten Kommunikationsverantwortlichen ist. Die Medienresonanz ist für sie zentraler Indikator für ihren Erfolg. Das hängt nicht zuletzt auch damit zusammen, dass sich Medienresonanz messen lässt. Ein Pressespiegel wird in nahezu jeder Organisation erstellt. Andere Formen der Erfolgskontrolle – wie zum Beispiel Medienresonanzanalysen – sind weit verbreitet. Dass es dabei nicht nur auf die Menge der veröffentlichten Beiträge, sondern vor allem auf deren Tonalität ankommt, ist selbstverständlich. Das spiegelt sich auch in den Ergebnissen wider. Eine *positive Medienresonanz* ist für 93 Prozent der Befragten ein wichtiges oder sehr wichtiges Kriterium für eine erfolgreiche Kommunikation, die Quantität der Berichterstattung hingegen für 80 Prozent.

Gleichauf mit einer positiven Medienresonanz sehen die Befragten das *Vertrauen von Journalisten* als wichtigsten Erfolgsfaktor an. Das ist bemerkenswert – ausgehend von den weiter oben angeführten Ergebnissen jedoch auch logische Konsequenz. Wir hatten festgestellt, dass Journalisten die mit Abstand wichtigste Zielgruppe für die Befragten sind. Andererseits gehört Vertrauen in die Organisation zu schaffen und zu erhalten zu ihren wesentlichen Zielen. Offensichtlich geht es also den Befragten eher um eine partnerschaftliche Zusammenarbeit mit den Medien, die stärker auf Information als auf Beeinflussung basiert. Immerhin wird es von den Befragten als deutlich wichtiger eingeschätzt, Vertrauen bei Journalisten zu erreichen, als ihr Meinungsbild zu beeinflussen. Natürlich werden sich Meinungen und Einstellungen von Journalisten kaum beeinflussen lassen, wenn diese kein Vertrauen in die jeweiligen Organisationen und deren PR-Praktiker hätten. Dass Organisationskommunikation immer ein starkes persuasives Element hat – das sich auch auf die Medien bezieht – ist unbestritten. Deshalb ist die *Beeinflussung des journalistischen Meinungsbildes* auch für die befragten BdP-Mitglieder entsprechend wichtig – und zwar für 72 Prozent. Würde der Schwerpunkt ihrer Arbeit jedoch primär auf der Überzeugung liegen, so wären die Anteile für die Erfolgsfaktoren Vertrauen und Beeinflussung gerade umgekehrt. 81 Prozent der befragten Kommunikationsverantwortlichen sehen das *Vertrauen wichtiger Bezugsgruppen* in die eigene Organisation als entscheidendes Erfolgskriterium an. Damit wird noch einmal deutlich, wie zentral die Kategorie Vertrauen für die Organisationskommunikation ist.

> **Die PR-Praktiker streben nach einer partnerschaftlichen Zusammenarbeit mit den Medien, die stärker auf Information als auf Beeinflussung basiert.**

Tabelle 20

ERFOLGSKRITERIEN VON PR/OK NACH ORGANISATIONSART

Erfolgsfaktoren	Organisationsart			
	Gesamt	Unternehmen	Öffentliche/ staatliche Institutionen	Vereine, Verbände, Parteien
Hohe bzw. kontinuierliche Medienresonanz	4,2	4,1	4,4	4,3
Positive Resonanz in den Medien	4,5	4,5	4,6	4,5
Herstellung eines Dialogs zwischen Organisation und Bezugsgruppen	3,8	3,8	3,9	4,0
Vertrauen der Bezugsgruppen in die Organisation herstellen und fördern	4,2	4,1	4,2	4,4
Meinungsbildung von Journalisten beeinflussen	4,0	3,9	4,0	4,1
Vertrauen bei Journalisten erreichen	4,6	4,6	4,7	4,5
Politische Entscheidungen (die sich auf die Organisation auswirken) beeinflussen	3,2	2,8	3,9	4,1
Ein wichtiges Thema in der öffentlichen Diskussion besetzen	3,6	3,4	4,0	4,3
Krisen verhindern bzw. kritische Themen im Vorfeld abwenden	3,8	3,8	3,8	3,6
Basis	n = 672	n = 431	n = 105	n = 136

Bedeutung von Erfolgskriterien; Angaben in Mittelwerten; anhand einer Skala von 1 (völlig unwichtig) bis 5 (sehr wichtig)

Verschiedene Organisationsarten haben unterschiedliche Erfolgskriterien.

Beim Vergleich der Organisationsarten zeigt sich, inwiefern typische, zentrale Zielstellungen auch die Einschätzung von Erfolgskriterien beeinflussen.

Politische Entscheidungen zu beeinflussen, die sich auf die Organisation auswirken, ist vor allem für Beschäftigte von Vereinen, Verbänden und Parteien entscheidend. Auch ein *wichtiges Thema in der öffentlichen Diskussion zu besetzen*, wird hier relevanter eingeschätzt als anderswo. Gerade solche Organisationen sehen ihren Beitrag an der öffentlichen Meinungsbildung als Grundlage ihres strategischen Handelns. Oft definieren sie sich sogar über diese Zielstellung. Das Kriterium der öffentlichen Thematisierung gilt darüber hinaus vor allem dort als Erfolgsfaktor, wo PR/OK relativ hoch in der Organisationshierarchie angesiedelt ist. Wie wichtig die Herstellung eines Dialogs mit Bezugsgruppen gesehen wird, hängt stark mit der Position des Befragten zusammen. Für Gesamtleiter der Organisationskommunikation ist dieses Erfolgskriterium viel bedeutsamer als für Bereichsleiter und sonstige Befragte.

4.6 Eine Frage der Moral

4.6.1 Notwendigkeit von Standesregeln
Standesregeln sind ein wichtiger Meilenstein bei der Professionalisierung eines Berufsfeldes. Sie dienen der Orientierung in unsicheren Situationen oder der moralischen Rückversicherung der Berufsangehörigen, wenn sie sich den Regeln entsprechend verhalten. Zudem signalisieren sie nach außen, dass ein Berufsstand moralische Kriterien diskutiert und als wichtig erachtet. Standesregeln können damit höhere Glaubwürdigkeit für das gesamte Berufsfeld bewirken. Dabei ist vor allem ihre praktische Umsetzung entscheidend – im täglichen Berufsleben ebenso wie in entsprechenden Gremien freiwilliger Selbstkontrolle.

Standesregeln dienen der Orientierung in unsicheren Situationen und geben den Berufsangehörigen moralische Rückversicherung.

Abbildung 28

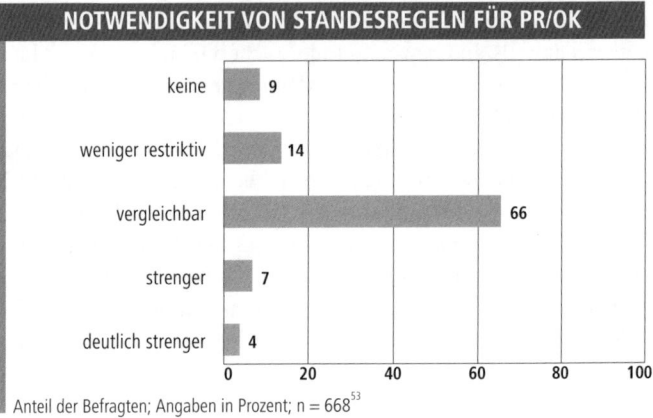

NOTWENDIGKEIT VON STANDESREGELN FÜR PR/OK

keine	9
weniger restriktiv	14
vergleichbar	66
strenger	7
deutlich strenger	4

Anteil der Befragten; Angaben in Prozent; n = 668[53]

Die Mehrheit der Befragten spricht sich für ähnlich strenge Regeln wie in Berufen mit vergleichbarer Verantwortung aus.

Regeln ähnlich wie in anderen Berufen mit vergleichbarer Verantwortung befürwortet die Mehrheit der Befragten – und zwar 66 Prozent. Insgesamt 23 Prozent sind für weniger restriktive Regeln, immerhin neun Prozent halten dabei Standesregeln schlichtweg für überflüssig. Im Gegensatz dazu unterstreichen nur elf Prozent der BdP-Mitglieder die Forderung nach strengeren Regeln. Vier Prozent sind gegenüber ihrem Berufsstand besonders kritisch und sehen die Gefahr, dass PR-Leute ihren Einfluss missbrauchen könnten. Sie sind der Meinung, dass es deutlich strengere Regeln für PR/OK geben sollte als in vergleichbaren Berufen.

In unserer früheren Untersuchung zum Image der PR hatten wir dieselbe Frage der Bevölkerungsstichprobe und den befragten Journalisten vorgelegt, allerdings nur mit drei Ausprägungen: *PR-Praktiker brauchen keine Standesregeln, Sie brauchen Regeln vergleichbar denen in anderen Berufen* und *Sie brauchen strengere Regeln*. Die deutsche Bevölkerung forderte zu 48 Prozent, dass die PR-Branche strengerer Regelungen als andere Berufsstände bedürfe. Etwa ebenso viele – 47 Prozent – sahen Regeln wie in anderen Berufen als ausreichend. Nur drei Prozent der Befragten waren

---

[53] Die Aussagen lauteten konkret: „PR-Praktiker brauchen keine spezifischen Berufsnormen", „Es sollte Standesregeln geben, allerdings sollten diese weniger restriktiv sein als in Berufen mit vergleichbarer Verantwortung", „Es sollte Regeln ähnlich wie in anderen Berufen mit vergleichbarer Verantwortung geben", „Es sollte strengere Regeln geben als in anderen Berufen mit vergleichbarer Verantwortung", „Es sollte deutlich strengere Regeln geben als in vergleichbaren Berufen. Sonst besteht die Gefahr, dass PR-Leute ihren Einfluss missbrauchen". Vier Befragte machten keine Angaben.

der Ansicht, PR-Praktiker brauchten gar keine Standesregeln.[54] Journalisten schätzten diese Frage realistischer ein. Hier war eine deutliche Mehrheit von 71 Prozent der Auffassung, für die PR-Branche sollte es Standesregeln wie in anderen Branchen geben. 20 Prozent waren für strengere Richtlinien. Acht Prozent meinten, die PR brauche überhaupt keine berufsständischen Regelungen.

4.6.2 Kodizes und Standesregeln – Wer kennt sie überhaupt?

Code de Lisbonne und Code d'Athènes, das sind die international wichtigsten ethischen Kodizes der PR/OK-Branche. Von den meisten nationalen Berufsvereinigungen wurden sie mittlerweile anerkannt und in ihre eigenen Statuten übernommen. Der Arbeit von Gremien der freiwilligen Selbstkontrolle – wie dem Deutschen Rat für Public Relations – dienen sie als wichtige Grundlagen. Rügen gegenüber Berufsangehörigen oder Organisationen werden auf dieser Basis formuliert.

Wir wollten wissen, wie bekannt solche ethischen Grundlagen des Berufsfeldes unter den befragten Kommunikationsverantwortlichen sind.

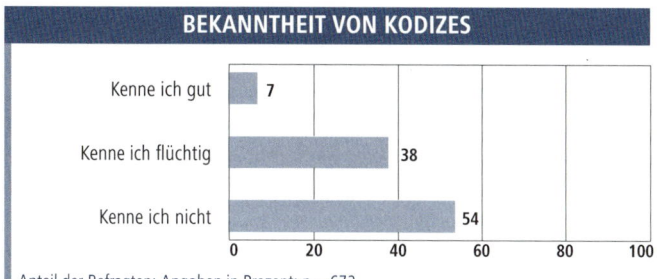

BEKANNTHEIT VON KODIZES   Abbildung 29

- Kenne ich gut: 7
- Kenne ich flüchtig: 38
- Kenne ich nicht: 54

Anteil der Befragten; Angaben in Prozent; n = 672

Mehr als die Hälfte der Befragten kennt die beiden Kodizes gar nicht. 38 Prozent kennen sie flüchtig, nur sieben Prozent gut.

Am bekanntesten sind Code d'Athènes und Code de Lisbonne in der Privatwirtschaft. Hier sind die Kodizes zumindest der Hälfte der Befragten mehr oder weniger bekannt – im Gegensatz zu den öffentlichen und staatlichen Institutionen (37 Prozent) und zur Gruppe der Vereine, Verbände und Parteien (38 Prozent).

Mehr als die Hälfte der Befragten kennt weder den Code de Lisbonne noch den Code d'Athènes.

---

[54] Vgl. Bentele/Seidenglanz 2004a: 92.

Die Ergebnisse zeigen, dass die Vermittlung von ethischen Fragestellungen in spezifischen PR-Ausbildungen Einfluss auf die Bekanntheit der Kodizes hat. Von denjenigen, die eine PR-Zusatzausbildung abgeschlossen haben, geben 43 Prozent an, diese Kodizes nicht zu kennen. Das ist natürlich immer noch recht viel und lässt vermuten, dass diese Inhalte in solchen Kursen nicht immer thematisiert werden.

Etwas häufiger scheint das in PR-Volontariaten der Fall zu sein. Von Befragten, die diesen Ausbildungsweg gewählt hatten, kennen nur 34 Prozent Code d'Athènes und Code de Lisbonne nicht. Grundsätzlich wird deutlich, dass die Kodizes bei jüngeren Befragten etwas bekannter sind als bei älteren. Damit deutet sich offensichtlich ein leichter Trend an, dass das Wissen dazu ansteigt.

4.6.3 Dürfen Pressesprecher lügen?

Sicher hat jeder Pressesprecher schon einmal vor der Wahl gestanden, die Wahrheit zu sagen oder zu lügen. Im Berufsalltag kann er durchaus in Konflikte geraten, in denen er sich zwischen dem moralisch Richtigen und der Loyalität zu seinem Arbeitgeber entscheiden muss. Wie soll er sich verhalten, wenn beispielsweise die Organisationsleitung eine entsprechende Anweisung gegeben hat? Kurzfristig Schaden von der eigenen Organisation abzuwenden, mag eine der wichtigsten Motivationen für die Überlegung sein, die Unwahrheit zu sagen. Klar ist jedoch, die Öffentlichkeit zu belügen, ist nicht nur moralisch verwerflich, sondern schlichtweg unprofessionell. Denn der langfristige Schaden einer Lüge – Verlust von Glaubwürdigkeit und Vertrauen – wiegt meist schwerer als der kurzfristige Gewinn.

Jenseits der Polarisierung in Wahrheit oder Lüge stellt sich eine weitere Frage: Transparenz um jeden Preis? Ist die vollständige Wahrheit immer angebracht und sinnvoll? Häufig macht die heutige Medienrealität Verknappung und Verkürzung auf wenige Schlagworte notwendig. Journalisten wollen oft keine langen Erläuterungen, sondern kurze, eingängige Statements. Doch die Grenze zwischen prägnanter Zusammenfassung und bewusstem Weglassen von wichtigen Details ist fließend.

„Muss ein Pressesprecher immer die Wahrheit sagen?", fragten wir die Mitglieder des BdP. Darf ein Pressesprecher unter bestimmten Bedingungen lügen oder ist er der Wahrheit unbedingt verpflichtet? Darf er bestimmte Sachverhalte weglassen?

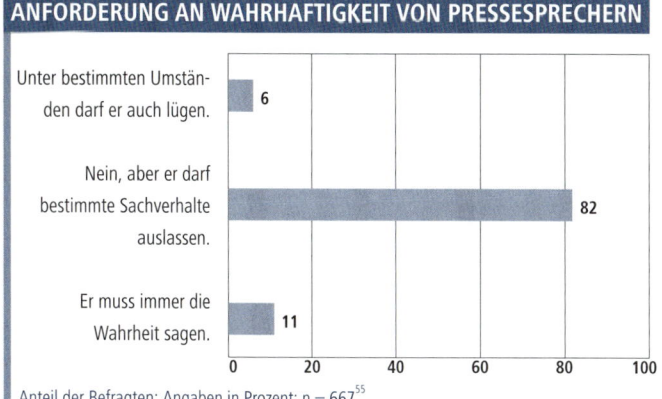

ANFORDERUNG AN WAHRHAFTIGKEIT VON PRESSESPRECHERN   Abbildung 30

Anteil der Befragten; Angaben in Prozent; n = 667[55]

Pressesprecher sind demzufolge eher „ehrliche" Menschen – zumindest nach den Angaben der Befragten. Allerdings wird es – wohl aus beruflichen Gründen – von der großen Mehrheit für legitim gehalten, bestimmte Informationen zu verschweigen. 82 Prozent entscheiden sich für diese zweite Antwortmöglichkeit. Einem Gewissenskonflikt nachzugeben und auf Anweisung oder für das (kurzfristige) Wohl der Organisation zu lügen, finden nur sechs Prozent der Befragten legitim. Elf Prozent hingegen sind der Auffassung, ein Pressesprecher dürfe überhaupt nicht lügen, also auch nichts verschweigen. Diese Option vertreten die Befragten aus dem öffentlichen Sektor etwas häufiger. Vermutlich spielt hier wiederum die gesetzlich vorgeschriebene Auskunftspflicht vieler solcher Organisationen eine Rolle. Auch auf höchster Leitungsebene beziehungsweise bei den Gesamtleitern für Kommunikation ist diese Auffassung etwas häufiger verbreitet als im Durchschnitt aller Befragten.

Vier Fünftel der Befragten halten das Verschweigen bestimmter Informationen für legitim.

[55] Die Aussagen lauteten konkret: „Unter bestimmten Umständen (Anweisung des CEO, um negative Auswirkungen auf die Organisation zu verhindern) darf ein Pressesprecher auch mal lügen", „Ein Pressesprecher darf nicht lügen, aber er darf bestimmte Sachverhalte bei seinen Äußerungen weglassen", „Ein Pressesprecher darf nie lügen". Fünf Befragte machten keine Angaben.

5.

Zusammenarbeit mit Journalisten

5.1 Eine (manchmal auch) schwierige Partnerschaft

5.1.1 Intensität der Zusammenarbeit

Schon der Name des Berufsstandes sagt es: Die Zusammenarbeit mit den Medien gehört zu den zentralen Aufgaben eines Pressesprechers. Auch in der PR-Branche insgesamt bindet dieser Aufgabenbereich nach wie vor die meisten Ressourcen. Unter 4.5.3 gaben dementsprechend 94 Prozent der Befragten an, Journalisten seien für sie wichtig oder sehr wichtig – und damit die mit großem Abstand bedeutendste Zielgruppe der Kommunikationsverantwortlichen.

Sein Verhältnis zu den Medien ist für den Berufsstand elementar. Der Erfolg einer Kampagne, oft sogar Erfolg und Image der Organisation, hängen stark davon ab, wie gut es gelingt, die Beziehung zwischen Organisation und Medienvertretern zu gestalten.

Es ist demnach unbedingt erforderlich, in einer Berufsfeldstudie wie dieser das Verhältnis von PR/OK und Medien detailliert zu untersuchen.

INTENSITÄT DER ZUSAMMENARBEIT MIT JOURNALISTEN — Tabelle 21

Intensität der Zusammenarbeit	Anteil
Keine oder kaum Zusammenarbeit mit Journalisten	1
Seltene oder sporadische Zusammenarbeit mit Journalisten	11
Häufige Zusammenarbeit mit Journalisten	30
Sehr häufige Zusammenarbeit mit Journalisten	24
Sehr intensive Zusammenarbeit mit Journalisten (z.B. häufige persönliche Kontakte bzw. häufig gemeinsame (persönliche) Gespräche mit wichtigen Medienvertretern)	35

Anteil der Befragten; Angaben in Prozent; n = 672

Zu Beginn wollten wir von den Befragten wissen, wie eng ihr Kontakt zu Medienvertretern im Berufsalltag ist. Hier gibt es deutliche Unterschiede, abhängig davon, in welchem Bereich und auf welcher Stelle ein Befragter tätig ist. Insgesamt pflegen 35 Prozent der Befragten eine sehr intensive Zusammenarbeit mit Journalisten. 24 Prozent der BdP-Mitglieder arbeiten sehr häufig, 30 Prozent häufig mit ihnen zusammen. Insgesamt zwölf Prozent haben hingegen nur selten oder kaum Kontakt zu Journalisten. Bei den nachfolgenden Auswertungen geht es um die Qualität der Beziehung zwischen PR-Experten und Journalisten. Dafür haben wir uns überwiegend auf die Befragten konzentriert, die häufiger mit Medienvertretern zusammenarbeiten – also insgesamt 88 Prozent oder 595 Kommunikationsverantwortliche. Nur wer engeren Kontakt mit Journalisten hat, kann eine realistische Einschätzung der Beziehung treffen. Denn nachfolgend soll es vor allem um persönliche Erfahrungen gehen.

5.1.2 Einschätzung der journalistischen Arbeitsweise und Qualität der Zusammenarbeit

Wie nehmen Kommunikationsverantwortliche Journalisten wahr, und wie schätzen sie ihre Arbeitsweise ein? Wie beurteilen sie die Art und Weise, mit der Medienvertreter auf Organisationen zugehen?

Wir legten den Befragten vier – eher kritische – Aussagen vor, die im Berufsalltag von Pressesprechern durchaus vertreten werden. Diese lauteten:

* *Journalisten sind häufig nur an negativen Themen/Skandalen interessiert. Darunter leidet die objektive Berichterstattung.*
* *Journalisten arbeiten oft ungenau und oberflächlich. So entstehen Fehler in der Berichterstattung (z.B. falsche Fakten/Zahlen, falsch geschriebene Namen etc.).*
* *Journalisten sind oft zu wenig über die Themen informiert, über die sie berichten.*
* *Journalisten treten mir oft voreingenommen und ablehnend entgegen.*

Diesen Aussagen konnten die Befragten auf einer Skala von 1 (gar nicht) bis 5 (voll und ganz) zustimmen.

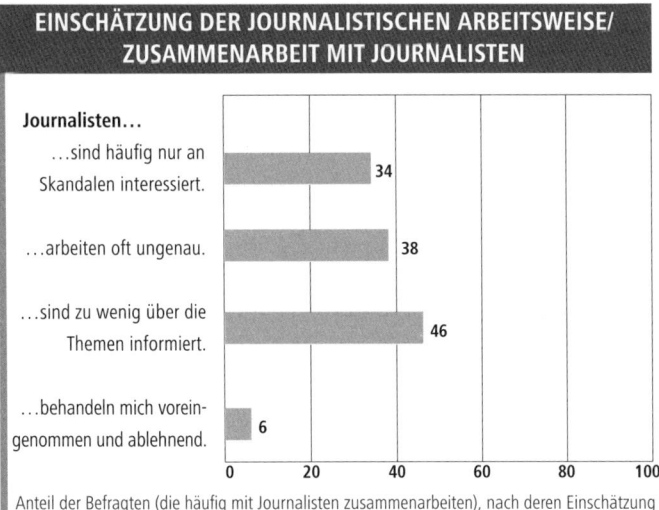

EINSCHÄTZUNG DER JOURNALISTISCHEN ARBEITSWEISE/ ZUSAMMENARBEIT MIT JOURNALISTEN Abbildung 31

Anteil der Befragten (die häufig mit Journalisten zusammenarbeiten), nach deren Einschätzung die Aussagen zutreffen bzw. voll und ganz zutreffen; Angaben in Prozent; n = 595

Eine durchaus hohe Zahl Kommunikationsverantwortlicher äußert nach eigenen Erfahrungen im beruflichen Alltag Kritik an der journalistischen Arbeitsweise. So sind 34 Prozent der Befragten der Auffassung, *Journalisten seien häufig nur an Skandalen interessiert*, worunter die objektive Berichterstattung leide. Die Tendenz zum Negativismus in der Berichterstattung ist als Nachrichtenfaktor in der Forschung in den vergangenen Jahrzehnten immer wieder bestätigt worden.

38 Prozent unterstützen die Aussage, dass *Journalisten oft ungenau und oberflächlich arbeiten*. Sogar 46 Prozent sind der Meinung, Journalisten seien *häufig zu wenig über die Themen informiert*, über die sie berichteten – eine deutliche Kritik vieler Sprecher an ihren journalistischen Partnern.

Dass ihnen Journalisten persönlich hingegen *oft voreingenommen und ablehnend gegenübertreten*, diese Auffassung vertreten nur sechs Prozent der Befragten.

Fast die Hälfte der BdP-Mitglieder meinen, Journalisten seien häufig zu wenig über die Themen informiert, über die sie berichten.

105

Tabelle 22

QUALITÄT DER ZUSAMMENARBEIT MIT JOURNALISTEN NACH INTENSITÄT DER ZUSAMMENARBEIT

	Zusammenarbeit/ Kontakt zu Journalisten	
	selten	häufig
Journalisten sind häufig nur an negativen Themen/ Skandalen interessiert. Darunter leidet die objektive Berichterstattung.	3,1	3,0
Journalisten arbeiten oft ungenau und oberflächlich. So entstehen Fehler in der Berichterstattung (z.B. falsche Fakten/Zahlen, falsch geschriebene Namen).	3,5	3,2
Journalisten sind oft zu wenig über die Themen informiert, über die sie berichten.	3,4	3,3
Journalisten treten mir oft voreingenommen und ablehnend entgegen.	2,2	1,9
Basis	n = 77	n = 595

Grad der Zustimmung zu den Aussagen; Angaben in Mittelwerten; anhand Skala 1 (trifft gar nicht zu) bis 5 (trifft voll und ganz zu); n = 672

Je intensiver PR-Praktiker mit Journalisten zusammenarbeiten, desto positiver schätzen sie die Beziehung zu ihnen ein.

Interessant ist ein Vergleich mit denjenigen BdP-Mitgliedern, die nur selten oder kaum Kontakt zu Journalisten haben. Diese schätzen die Beziehung negativer ein, als die Kommunikationsverantwortlichen mit intensiverer Zusammenarbeit. Besonders deutlich wird das bei den Aussagen *Journalisten arbeiten oft ungenau und oberflächlich* und *Journalisten treten mir oft voreingenommen und ablehnend entgegen.* Offensichtlich wirken sich eine intensivere Zusammenarbeit und damit Routine im Umgang mit Journalisten positiv auf die Einschätzung der Beziehung aus.

Zwischen den Organisationsarten gibt es im Übrigen kaum Unterschiede in der Bewertung dieser Aussagen. Auch die Hierarchieebene, auf der PR/OK in der Organisation angesiedelt ist, oder die Position, die ein Befragter bekleidet, hat keinen Einfluss auf die Einschätzungen.

5.1.3 Eine Partnerschaft ohne Probleme?

Wir forderten die Befragten auf, die Aussage *Meine Zusammenarbeit mit Journalisten verläuft überwiegend problemlos* anhand ihrer eigenen Erfahrungen im Alltag einzuschätzen.

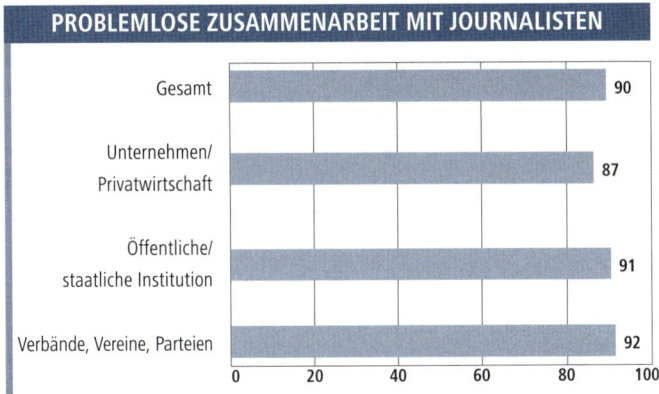

PROBLEMLOSE ZUSAMMENARBEIT MIT JOURNALISTEN Abbildung 32

Anteil der Befragten (die häufig mit Journalisten zusammenarbeiten), nach deren Einschätzung die Aussage zutrifft bzw. voll und ganz zutrifft; Angaben in Prozent; n = 584[56]

Fast alle Befragten geben an, dass ihre Zusammenarbeit mit Journalisten überwiegend problemlos verläuft. Im Durchschnitt stimmen 90 Prozent derjenigen, die häufiger mit Journalisten zusammenarbeiten, dieser Aussage zu. Bei den Unternehmen ist dieser Wert mit 87 Prozent nur leicht niedriger. Das heißt also, trotz der kritischen Anmerkungen, die Kommunikationsverantwortliche zur Arbeit von Journalisten machen (vgl. 5.1.2), schätzen sie die Zusammenarbeit selbst als unproblematisch ein.

Der Durchschnittswert aller Einschätzungen liegt hier bei 4,2,[57] ist also ausgesprochen hoch. Etwas niedriger ist er bei den Befragten, die nur seltenen oder kaum Kontakt zu Journalisten haben. Hier beträgt er 3,7. Das spricht zwar immer noch für eine problemlose Zusammenarbeit mit den Medien, zeigt aber, dass mit sinkender Intensität auch die Einschätzung der Qualität abnimmt. Je mehr Kommunikationsverantwortliche mit den Medienvertretern zu tun haben, umso problemloser gestaltet sich offenbar die Kooperation mit ihnen.

Die Zusammenarbeit zwischen Kommunikationsverantwortlichen und Journalisten verläuft überwiegend problemlos.

---

[56] Elf Befragte machten keine Angabe.
[57] auf der Skala von 1 (trifft gar nicht zu) bis 5 (trifft voll und ganz zu)

5.1.4 Auswirkungen der Medienkrise?

Insbesondere viele Printmedien in Deutschland stecken gegenwärtig in einer ökonomisch schwierigen Situation. Selbst traditionsreiche Verlage geraten ins Trudeln. Die Ressourcen werden – auch auf Grund kleinerer Werbebudgets der Unternehmen – geringer. Etats werden zusammengestrichen, Personal teilweise abgebaut. Dadurch bleibt oft noch weniger Zeit für journalistische Eigenrecherche. Medienvertreter sind stärker auf Pressemitteilungen und andere Informationen aus Pressestellen der Organisationen angewiesen.

Journalisten sind – nach Ansicht der Befragten – durch die Medienkrise abhängiger von Presseinformationen geworden.

Hat diese Medienkrise tatsächlich Auswirkungen auf die Zusammenarbeit mit Pressesprechern? Registriert man auf Organisationsseite derartige Veränderungen?

Wir fragten die BdP-Mitglieder nach ihrer Auffassung: Sind Journalisten durch die gegenwärtige Medienkrise abhängiger von Presseinformationen geworden?

Abbildung 33

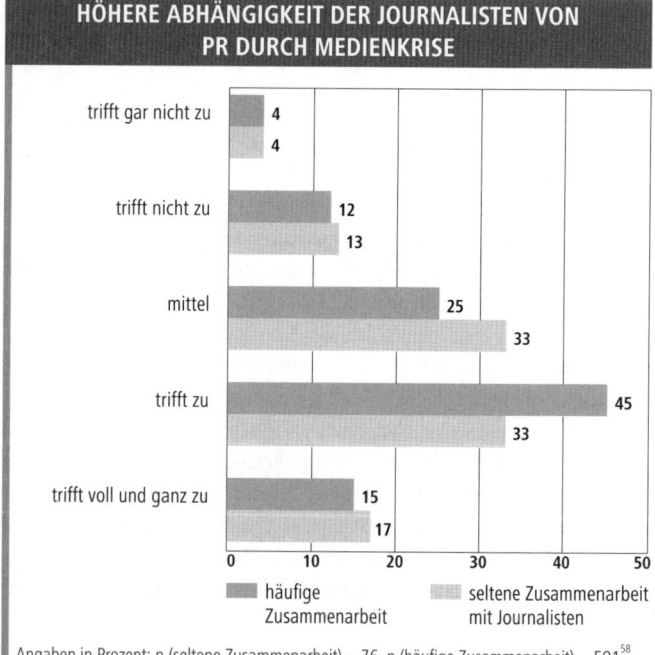

HÖHERE ABHÄNGIGKEIT DER JOURNALISTEN VON PR DURCH MEDIENKRISE

	häufige Zusammenarbeit	seltene Zusammenarbeit mit Journalisten
trifft gar nicht zu	4	4
trifft nicht zu	12	13
mittel	25	33
trifft zu	45	33
trifft voll und ganz zu	15	17

Angaben in Prozent; n (seltene Zusammenarbeit) = 76, n (häufige Zusammenarbeit) = 591[58]

---

[58] Fünf Befragte machten hierzu keine Angabe.

Augenscheinlich hat man auch in Pressestellen und anderen Kommunikationsabteilungen aufmerksam registriert, dass die gegenwärtige Medienkrise zu Einschnitten in den Redaktionen geführt hat. Immerhin können sich insgesamt 60 Prozent der Befragten, die häufiger mit Journalisten zusammenarbeiten, dieser Beobachtung anschließen. Demgegenüber stimmen nur 16 Prozent der Aussage nicht zu.

Im Unterschied dazu tendieren die Befragten, die nur selten oder kaum Kontakt zu Journalisten haben, etwas stärker zur mittleren Antwort. Sie sind sich vielleicht etwas unsicher, diese Aussage realistisch einzuschätzen.

Beide Gruppen erreichen auf der Skala von 1 (stimme gar nicht zu) bis 5 (stimme voll und ganz zu) einen Durchschnittswert von 3,5.

5.1.5 Journalisten über PR – aus Sicht der Befragten

Welche Einstellung haben Journalisten gegenüber Public Relations? Wir legten den Befragten eine Reihe von Persönlichkeitsmerkmalen vor, anhand derer sie einschätzen sollten, wie Journalisten sie selbst – als Angehörige der PR-Branche – sehen.[59] Wieder konnte jeder Teilnehmer seine Antwort auf einer Fünfer-Skala abstufen.

Abbildung 34

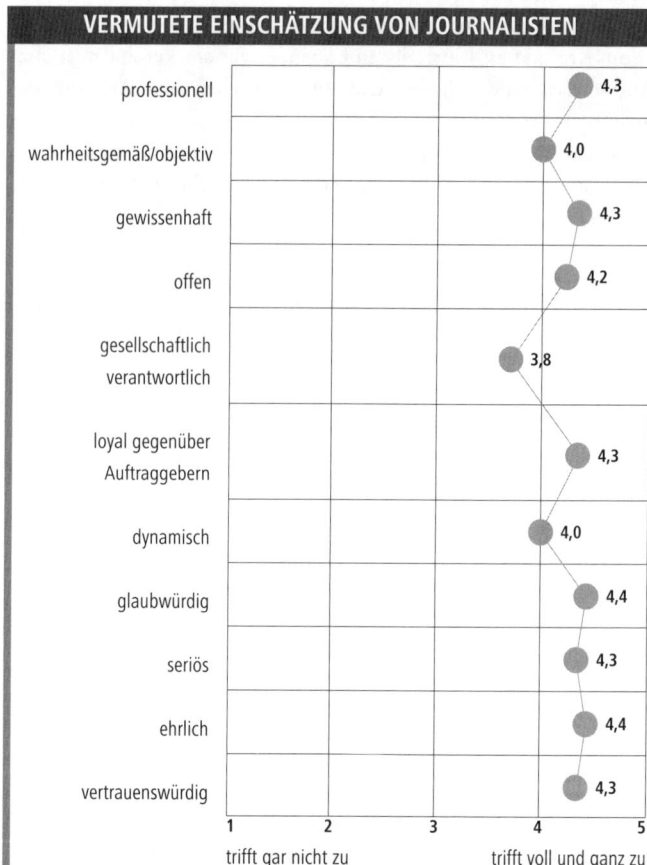

VERMUTETE EINSCHÄTZUNG VON JOURNALISTEN

professionell	4,3
wahrheitsgemäß/objektiv	4,0
gewissenhaft	4,3
offen	4,2
gesellschaftlich verantwortlich	3,8
loyal gegenüber Auftraggebern	4,3
dynamisch	4,0
glaubwürdig	4,4
seriös	4,3
ehrlich	4,4
vertrauenswürdig	4,3

1   2   3   4   5

trifft gar nicht zu   trifft voll und ganz zu

Von den Befragten geäußerte Vermutung, wie sie von Journalisten in den aufgeführten Eigenschaften eingeschätzt werden; Angaben in Mittelwerten; anhand einer Skala von 1 (trifft gar nicht zu) bis 5 (trifft voll und ganz zu); Befragte mit häufigem Kontakt zu Journalisten; n = 589[60]

---

[59] Wir verwendeten dabei die selben Items wie in unserer Studie zum Image der PR, vgl. Bentele/Seidenglanz 2004a: 90.
[60] Davon machten im Durchschnitt etwa sechs Befragte jeweils keine Angaben. Diese gehen in die Berechnung der

Kommunikationsverantwortliche sind demzufolge der Auffassung, dass Journalisten ein durchweg positives Bild von ihnen haben. Fast alle Werte liegen über 4,0, sind also ausgesprochen hoch. Demnach würden Journalisten die Befragten als seriös, ehrlich, gewissenhaft und so weiter einschätzen. Nur die Eigenschaft *gesellschaftlich verantwortlich* fällt minimal zurück. Das ändert allerdings nichts am positiven Gesamteindruck.

Etwas schlechter bewerten das hingegen diejenigen Befragten, die nur selten oder kaum Kontakt zu Medienvertretern haben. Im Durchschnitt liegen die Mittelwerte bei dieser Gruppe um etwa zwei Zehntel niedriger. Besonders hoch ist die Differenz beim Punkt der Professionalität. Während bei den Befragten mit häufigem Kontakt zu Journalisten der Mittelwert bei 4,3 liegt (vgl. Abbildung 34), beträgt er bei denen mit seltenem Kontakt nur 3,9. Das ist immer noch hoch. Es zeigt aber, dass Kommunikationsverantwortliche mit wenig Kontakt zu Journalisten glauben, dass diese ihre Professionalität etwas geringer einschätzen.

> PR-Profis meinen, dass Journalisten ein überwiegend positives Bild von ihnen haben.

5.2 Eine Frage des Vertrauens

5.2.1 Vertrauen von Journalisten in die PR-Branche

Ohne Vertrauen könne der Mensch morgens überhaupt nicht sein Bett verlassen, stellte der Soziologe Niklas Luhmann schon 1973 fest.[61] Müsste er doch Angst haben, dass der Boden, auf dem er steht, nicht hält, die Decke einstürzt oder die Frau ihren Mann verlassen hat. So bräuchte auch ein PR-Praktiker gar nicht erst allmorgendlich an seinem Arbeitsplatz zu erscheinen, wäre er nicht sicher, dass ihm ein Mindestmaß an Vertrauen entgegengebracht wird.

PR/OK ist ganz besonders auf Vertrauen angewiesen. Immerhin hat sich der Berufsstand lange Zeit sogar über die Formel „Werbung um Vertrauen" definiert. Auch heute noch gehört es zu den wesentlichsten Aufgaben von Public Relations, Vertrauen in eine Organisation, eine Idee oder Sache zu erhalten und zu stärken. Mehr noch als für viele andere Berufsstände geht die Kommunikationsbranche tagtäglich ganz bewusst mit Vertrauen als einem werthaltigen Gut um. Ihre Angehörigen müssen nicht nur – wie

---

[61] Vgl. Luhmann 1973: 1.

andere Professionen auch – das Vertrauen von Kunden, Klienten oder Auftraggebern sichern. PR-Praktiker vermitteln auch Vertrauenswerte.

Vertrauen zu schaffen ist eines der wichtigsten Ziele praktischer PR-Arbeit.

Vertrauen schaffen gehört also zu den zentralen Zielen praktischer PR-Tätigkeit. Auch die vorliegende Untersuchung hat das eindrucksvoll bestätigt. Immerhin sahen 84 Prozent der befragten BdP-Mitglieder *Vertrauen in die Organisation schaffen und erhalten* als eines der wichtigsten Ziele für die PR/OK ihrer Organisation an (vgl. 4.5.2).

Zweifellos ist für jeden Pressesprecher entscheidend, dass ihm Journalisten ein gewisses Grundvertrauen entgegenbringen – in seine Glaubwürdigkeit und seine Kompetenz. Das steht nicht im Widerspruch zu einem gesunden Misstrauen, das Journalisten als kritische Medienvertreter kennzeichnet. Aber Vertrauen ist als Basis für die Zusammenarbeit unerlässlich. Ist es erst einmal zerstört, beispielsweise durch bewusste Falschinformationen, wird es nur sehr mühsam wieder herzustellen sein.[62]

So liegt nahe, dass es für die befragten BdP-Mitglieder das mit Abstand wichtigste Erfolgskriterium war,[63] Vertrauen bei Journalisten zu erreichen. Fast alle Befragten – 93 Prozent – sahen dies als entscheidendes Resultat erfolgreicher Arbeit an. Deshalb widmen wir dieser Problematik auch in der vorliegenden Studie ein eigenes Kapitel.

Unsere erste Frage zu diesem Thema an die BdP-Mitglieder war, wie groß ihrer Meinung nach das Vertrauen sei, dass Journalisten und die Öffentlichkeit insgesamt dem Berufsstand PR/OK entgegenbringen. Die Befragten konnten ihre Antwort wieder auf einer Skala von 1 (sehr geringes Vertrauen) bis 5 (sehr hohes Vertrauen) abstufen.

Hier bietet sich der Vergleich mit den Werten von Journalisten und Öffentlichkeit an. 2003 hatten wir Journalisten selbst danach befragt, wie hoch ihr Vertrauen in PR-Praktiker sei. Die nachstehende Abbildung führt diese tatsächlichen Einschätzungen aus unserer früheren Studie mit den aktuellen Vermutungen der PR-Praktiker zusammen.

---

[62] Siehe auch Bentele 1994.
[63] gemeinsam mit dem Erreichen positiver Medienresonanz; vgl. 4.5.4

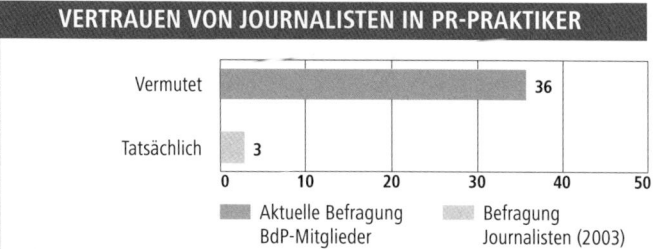

VERTRAUEN VON JOURNALISTEN IN PR-PRAKTIKER — Abbildung 35

Vermutet 36
Tatsächlich 3

0 10 20 30 40 50

■ Aktuelle Befragung BdP-Mitglieder
■ Befragung Journalisten (2003)

Anteil aller Befragten, die bei Journalisten hohes oder sehr hohes Vertrauen in die PR-Branche vermuten; Angaben in Prozent; n = 672
Anteil der Journalisten, die hohes oder sehr hohes Vertrauen in PR-Praktiker haben; Angaben in Prozent; n = 105

36 Prozent der befragten BdP-Mitglieder vermuten, dass Journalisten der PR-Branche hohes oder sogar sehr hohes Vertrauen entgegenbringen. Der Durchschnittswert aller Befragten liegt bei 3,2 – also mit leicht positiver Tendenz.[64] Demzufolge unterstellen PR-Profis den Journalisten ein eher mittleres Vertrauen in ihre Branche – und liegen weit weg von der Realität. Tatsächlich sind Journalisten weit skeptischer. Von den seinerzeit befragten Journalisten waren es nur drei Prozent, die den PR-Praktikern hohes oder sogar sehr hohes Vertrauen entgegenbrachten.[65] Im Durchschnitt lag ihre Einschätzung bei 2,3 auf der Skala von 1 (gar kein Vertrauen) bis 5 (sehr hohes Vertrauen).

Journalisten sind weit skeptischer, als Pressesprecher glauben.

VERTRAUEN DER BEVÖLKERUNG IN PR-PRAKTIKER — Abbildung 36

Vermutet 23
Tatsächlich 17

0 10 20 30 40 50

■ Aktuelle Befragung BdP-Mitglieder
■ Befragung Bevölkerung (2003)

Anteil aller Befragten, die in der Bevölkerung hohes oder sehr hohes Vertrauen in die PR-Branche vermuten; Angaben in Prozent; n = 672
Anteil der Bevölkerung, der hohes oder sehr hohes Vertrauen in PR-Praktiker hat; Angaben in Prozent; n = 1100

---

[64] Auch bei dieser Frage gibt es einen Unterschied zwischen Befragten, die häufig mit Journalisten zusammenarbeiten (Mittelwert = 3,3) und denjenigen mit geringem Kontakt (Mittelwert = 2,9).
[65] Vgl. Bentele/Seidenglanz 2004a: 82. Die Ergebnisse dieser Journalistenumfrage sind allerdings – mit 105 Befragten – nicht repräsentativ, sondern nur in der Tendenz zu werten.

PR tritt in der Öffentlichkeit nicht direkt in Erscheinung und somit der Bevölkerung nicht bewusst gegenüber. Sie wird überwiegend medienvermittelt, also über die Berichterstattung wahrgenommen. Trotzdem zielt ihre Tätigkeit letztendlich auf Teile der

PR-Praktiker genießen in der Bevölkerung mehr Vertrauen als Werbefachleute und Parteien.

Bevölkerung – auf Teilöffentlichkeiten. In der gleichen Untersuchung zum Image der PR haben wir 2003 auch die Bevölkerung in einer repräsentativen Stichprobe nach ihrem Vertrauen in die PR befragt. Im Vergleich mit glaubwürdigen Institutionen wie dem Bundesverfassungsgericht sahen die Werte zwar immer noch nicht gut aus. Sie waren jedoch deutlich besser als bei den Journalisten. 17 Prozent der Bevölkerung gaben an, sie hätten hohes oder sehr hohes Vertrauen in die PR. Im Mittel kamen die PR-Praktiker dabei auf einen Wert von 2,8.[66] Sie überrundeten damit Werbefachleute und Parteien und zogen immerhin mit Kirchen oder Gewerkschaften gleich.

Die BdP-Mitglieder sind mit der Einschätzung des Vertrauens der Öffentlichkeit in ihre Branche recht nahe an der Realität. Sie schätzen zu 23 Prozent, die Bevölkerung hätte hohes oder sehr hohes Vertrauen in PR-Praktiker. Der Mittelwert liegt bei 2,9 und damit nur leicht über dem tatsächlichen Wert in der Bevölkerungsumfrage.

5.2.2 Vertrauen von Journalisten in die Organisation

Wie kann also die Zusammenarbeit zwischen Journalisten und Pressesprechern überhaupt funktionieren, wenn Medienvertreter der PR-Branche offensichtlich ein derartig niedriges Vertrauen entgegenbringen? Ringt etwa jeder Journalist mit sich, wenn er Pressemitteilungen als Grundlage seiner Berichterstattung nutzt? Sind es allein die mangelnden Ressourcen in den Redaktionen, die Journalisten dazu zwingen, Informationen aus den Pressestellen zu verwenden? Sicher nicht.

Zwischen Einschätzung der Branche als solcher und konkreter Arbeitsbeziehung besteht wohl ein deutlicher Unterschied. Die Vermutung liegt nahe, dass Journalisten solchen PR-Praktikern, mit denen sie häufig und intensiv zusammenarbeiten, durchaus eine große Portion Vertrauen entgegenbringen. Das zeigt ja letztlich auch der hohe Einfluss, den Leistungen der PR/OK auf die tägliche Berichterstattung haben. Die Medien übernehmen Informationen

---

[66] anhand einer Skala von 1 (sehr geringes Vertrauen) bis 5 (sehr hohes Vertrauen)

von Seiten der Unternehmen, Verbände und Non-Profit-Organisationen auch deshalb, weil sie ein Mindestmaß an Vertrauen in deren Richtigkeit sowie die Wahrheitstreue oder berufliche Kompetenz der PR-Praktiker haben.

Vermutlich existieren also deutliche Unterschiede bei der Einschätzung der Branche als solcher und der Einschätzung konkreter, bekannter Pressesprecher beziehungsweise PR-Akteure durch Journalisten.

Wie sehen das die Mitglieder des BdP? Immerhin war es ja für 93 Prozent der Teilnehmer ein wichtiger oder sehr wichtiger Erfolgsfaktor, Vertrauen bei Journalisten zu erreichen (vgl. 4.5.4).

Wir stuften unsere Frage nach drei möglichen öffentlichen Akteuren ab: Vertrauen von *Journalisten* in die *Organisation*, in die *PR/OK-Abteilung* und in die *Person des Pressesprechers*.

Die Befragten mussten jeweils einschätzen, wie groß das Vertrauen von Journalisten in ihre eigene Organisation sei, in die PR/OK-Einheit, der sie entweder vorstanden oder in der sie verantwortlich tätig waren, und in ihre eigene Person.

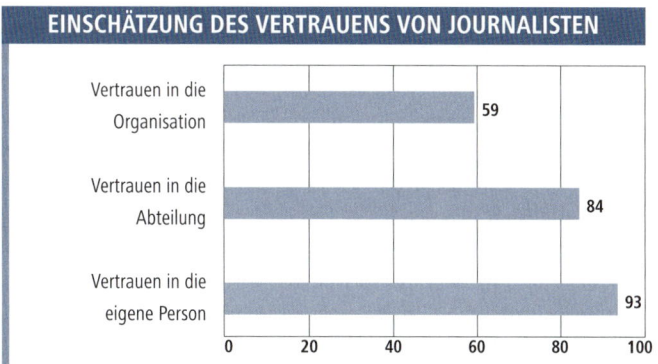

EINSCHÄTZUNG DES VERTRAUENS VON JOURNALISTEN

Vertrauen in die Organisation: 59
Vertrauen in die Abteilung: 84
Vertrauen in die eigene Person: 93

Anteil aller Befragten, die jeweils hohes oder sehr hohes Vertrauen bei Journalisten vermuten; Angaben in Prozent; n = 672

Abbildung 37

Die BdP-Mitglieder schätzen das Vertrauen von Journalisten in sie selbst als ausgesprochen hoch ein.

Insgesamt schätzen die Befragten das Vertrauen von Journalisten in ihre Organisation, ihre Abteilung und ihre eigene Person als ausgesprochen hoch ein. Interessant ist dabei jedoch, dass es einen deutlichen Unterschied zwischen dem vermuteten Vertrauen in die eigene Organisation und dem in den eigenen Arbeitsbereich gibt. Oder anders gesagt: Je weiter vom eigenen Tätigkeitsfeld entfernt, umso weniger Vertrauen wird den Journalisten unterstellt. So glauben 93 Prozent der Befragten, die Medienvertreter hätten hohes oder sehr hohes Vertrauen in sie selbst, hingegen vermuten das nur noch 84 Prozent mit Blick auf ihre eigene Abteilung. Lediglich 59 Prozent gehen davon aus, dass Journalisten hohes oder sehr hohes Vertrauen in den eigenen Arbeitgeber haben.

Diejenigen, die häufig mit Journalisten zusammenarbeiten, schätzen das Vertrauen der Medienvertreter in die Organisation, Abteilung und eigene Person noch etwas höher ein als die, die nur selten Kontakt zu Journalisten haben.

59 Prozent gehen davon aus, dass Journalisten hohes oder sehr hohes Vertrauen in die eigene Organisation haben.

Differenziert man das Ergebnis nach den verschiedenen Organisationsarten, so zeigen sich nur sehr geringe Unterschiede. Das höchste Vertrauen von Journalisten in die eigene Organisation unterstellen die Beschäftigten in Vereinen, Verbänden und Organisationen öffentlicher Willensbildung.

Die Werte hängen insgesamt sehr stark davon ab, wie jemand die Qualität seiner Zusammenarbeit mit Journalisten einschätzt. In Kapitel 5.1.3 hatten wir danach gefragt, ob die Zusammenarbeit mit Journalisten problemlos beziehungsweise problematisch sei. Je problematischer ein Befragter seine Zusammenarbeit mit den Medienvertretern sieht, umso weniger Vertrauen unterstellt er ihnen, und zwar sowohl in die eigene Organisation als auch in die eigene PR/OK-Abteilung sowie die eigene Person als Kommunikationsverantwortlicher.

5.2.3 Woher das Misstrauen?

Das Verhältnis zwischen Journalisten und Pressesprechern ist im Alltag wohl viel unproblematischer, als es die Diskussion in den jeweiligen Standesorganisationen manchmal vermuten lässt. Dennoch kann die gehörige Portion Misstrauen seitens der Medienvertreter, die der PR-Branche gegenüber besteht, nicht wegdiskutiert werden. Uns interessierte auch, welche Verhaltensweisen eines Pressesprechers nach Meinung der BdP-Mitglieder ganz besonders zum Vertrauensverlust in den Redaktionen führen könnten. Die Teilnehmer sollten dabei in mehreren angegebenen Fällen entscheiden, wie stark diese das Vertrauensverhältnis zwischen PR/OK und Journalismus ihrer Meinung nach belasten.

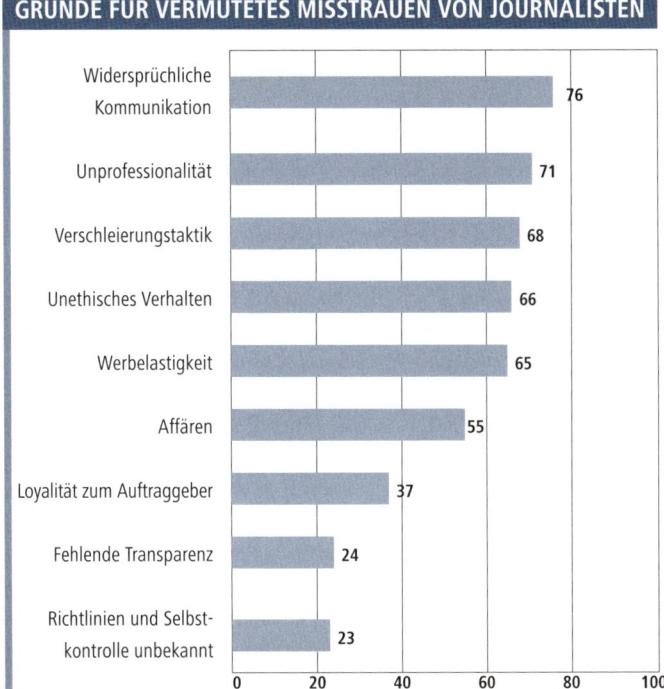

GRÜNDE FÜR VERMUTETES MISSTRAUEN VON JOURNALISTEN

Abbildung 38

Widersprüchliche Kommunikation — 76
Unprofessionalität — 71
Verschleierungstaktik — 68
Unethisches Verhalten — 66
Werbelastigkeit — 65
Affären — 55
Loyalität zum Auftraggeber — 37
Fehlende Transparenz — 24
Richtlinien und Selbstkontrolle unbekannt — 23

Widersprüchliche Kommunikation innerhalb ein und derselben Organisation ist nach Meinung der PR-Experten am schädlichsten für die vertrauensvolle Beziehung zu Journalisten.

Anteil der Befragten, die angaben, die genannten Gründe belasteten das Vertrauensverhältnis stark oder sehr stark; Angaben in Prozent; n = 672

117

Widersprüchliche Kommunikation innerhalb ein und derselben Organisation verringert nach Ansicht der Befragten das Vertrauen von Journalisten in die Pressesprecher am stärksten. Derartige Diskrepanzen zwischen den Aussagen verschiedener Akteure belasten das Vertrauensverhältnis nach Meinung von 76 Prozent der BdP-Mitglieder stark oder sogar sehr stark.[67] Daraus wird deutlich, wie wichtig eine interne Abstimmung und strategische Planung der Organisationskommunikation ist – und zwar unter allen relevanten Akteuren.

Pressesprecher sehen die interne Abstimmung und strategische Planung der Organisationskommunikation als entscheidende Basis für das Vertrauen der Medienvertreter.

Auf diese Ursache folgen Unprofessionalität mancher Pressesprecher (71 Prozent), Fehlinformationen und Verschleierungstaktik (68 Prozent), unethisches Verhalten (66 Prozent) und die Werbelastigkeit von PR/OK (65 Prozent). Solche Vorkommnisse kritisieren in der Tat auch viele Journalisten.

Affären um die PR – wie die breite öffentliche Thematisierung des Falles Hunzinger im Sommer 2002 – sind demgegenüber nach Meinung der Befragten immer noch von Bedeutung, allerdings schon etwas weniger relevant.

Die Bindung der PR/OK an die Entscheidungen der Organisation und deren Loyalität zum Auftraggeber verstehen zahlreiche Journalisten als Hinderungsgrund für eine objektive und neutrale Arbeitsweise von PR-Praktikern. Sie hinterfragen diese entsprechend kritisch. Für 37 Prozent der befragten Pressesprecher stellt das eine Belastung des Vertrauens dar. Kommunikationsverantwortliche vertreten in Organisationen stets – wie jeder Anwalt in einem Rechtsverfahren – eine Interessenposition. Das ist eine notwendige Voraussetzung für den Beruf und kann im Alltag nicht einfach „abgeschaltet" werden. Dennoch sollten sich Berufskommunikatoren darüber im Klaren sein, dass dies für Journalisten eine Quelle für Skepsis ist.

---

[67] In der Kommunikationswissenschaft wurde bereits 1994 die große Bedeutung von solchen Diskrepanzen für den Verlust von (öffentlichem) Vertrauen beschrieben – und unter dem Begriff der so genannten „Diskrepanzthese" gefasst. Vgl. Bentele 1994.

GRÜNDE FÜR VERMUTETES MISSTRAUEN VON JOURNALISTEN NACH INTENSITÄT DER ZUSAMMENARBEIT

Tabelle 23

Gründe	Gesamt	Zusammenarbeit/ Kontakt zu Journalisten	
		selten	häufig
Widersprüchliche Kommunikation einer Organisation	4,0	4,0	4,0
Unprofessionalität einzelner Pressesprecher	3,9	3,6	3,9
Fehlinformationen/Verschleierungstaktik durch einzelne PR/OK-Tätige	3,8	3,8	3,8
Unethisches Verhalten einzelner Pressesprecher	3,8	3,6	3,8
Werbelastigkeit von PR/OK	3,8	3,9	3,8
Affären (z.B. Hunzinger)	3,5	3,6	3,5
Bindung von PR/OK an Entscheidungen der Organisation/ Loyalität zum Auftraggeber	3,1	3,4	3,1
Fehlende Transparenz des Berufsfeldes nach außen	2,7	2,9	2,6
Ethische Richtlinien und Selbstkontrolle in PR/OK sind zu wenig bekannt	2,6	2,9	2,5
Basis	n = 672	n = 595	n = 77

Eingeschätzter Grad der Belastung des Vertrauensverhältnisses; Angaben in Mittelwerten; anhand einer Skala von 1 (belastet Vertrauensverhältnis sehr gering) bis 5 (belastet Vertrauensverhältnis sehr stark); n = 672

Wir unterschieden noch einmal zwischen Befragten mit seltenem und jenen mit häufigem Kontakt zu Journalisten. Unprofessionalität und die fehlende Bekanntheit ethischer Richtlinien nannten die Teilnehmer aus der erstgenannten Gruppe etwas häufiger.

Wir gaben den Befragten außerdem die Gelegenheit, diesen möglichen Gründen noch weitere, eigene Vorschläge hinzuzufügen. Viele der Teilnehmer nutzten sie.

Mehrere Befragte konkretisieren die mangelnde Professionalität und nannten fehlendes journalistisches Verständnis bei Pressesprechern oder deren manchmal geringe Souveränität – vor allem in kritischen oder eiligen Fällen. Zur „Mauertaktik" in Krisenfällen schreibt ein Teilnehmer: „Erst Versuche der Verschleierung, dann

Kommunikationsverantwortliche müssen loyal gegenüber ihrem Arbeitgeber sein. Dies ist eine Quelle der Skepsis für Journalisten.

ist keiner zuständig, schließlich wird ‚von oben' ein Sündenbock festgelegt und ‚geopfert'."

Als Beispiele für unprofessionelles Verhalten werden weiterhin Nachfassaktionen, fehlender Nachrichtenwert von Pressemitteilungen und das „Zumüllen" der Redaktionen mit unwichtigen Informationen angegeben. Einzelne Befragte machen in dieser Hinsicht auch unzureichende Ausbildung und mangelndes Wissen verantwortlich. „Massenweise Umschulungen von Sekretärinnen, Sachbearbeitern zu ‚Pressesprechern', fehlendes Hintergrundverständnis für gesamtwirtschaftliche und gesellschaftspolitische Zusammenhänge", so drückt es einer der Befragten aus.

Viele BdP-Mitglieder bemängeln eine zu starke Bindung der PR-Abteilungen an das Marketing. Sie problematisieren dies mit Blick auf mangelnde journalistische Kenntnisse bei solchen Pressesprechern. Sie führen auch die Werbelastigkeit von PR an. Auch entsprechende – falsche – Erwartungen an die Medien werden dabei aufgeführt: „Viele PR-Leute achten die journalistische Unabhängigkeit zu wenig und erwarten mehr Werbeveranstaltung als Berichterstattung."

Finger weg von Nachfassaktionen und Pressemitteilungen ohne Nachrichtenwert!

Einige der Befragten kritisieren Schwächen einiger Berufskollegen wie Überheblichkeit, persönliche Arroganz und Eitelkeit oder mangelnde Empathie. Einzelne Teilnehmer sehen aber auch die Vermischung von privaten und beruflichen Verhältnissen als problematisch an.

Ein BdP-Mitglied stellt weiterhin fest, „dass Journalisten PR-Leuten von Agenturen deutlich kritischer gegenübertreten als PR-Leuten von Unternehmen."

Mehrere Befragte sehen Ursachen für ein gestörtes Vertrauensverhältnis bei den Medienvertretern selbst. Sie kritisieren zum Beispiel ein manchmal selbstverliebtes Eigenbild von Journalisten oder oft vorherrschende Klischees gegenüber der Organisationskommunikation. Häufig wird demnach PR auch unzulässig mit Schleichwerbung gleichgesetzt. Ein Teilnehmer gibt zu bedenken, dass sich Journalisten manchmal schlichtweg unfair verhalten. Ein Aspekt, der ebenfalls angesprochen wird, ist das offensichtliche Interesse einiger Medienvertreter an bezahlter Berichterstattung.

Pressesprecher kritisieren das Interesse einiger Journalisten an bezahlter Berichterstattung.

Gründe, die eher bei der Organisation liegen, sind zum Beispiel häufiger wechselnde (Kommunikations-)Strategien, bedingt durch den CEO oder die Geschäftsführung. Viele sehen auch die fehlende kommunikative Kompetenz und entsprechende Selbstüberschätzung mancher CEOs als problematisch an. Die Befragten äußern auch, dass sich ein negatives Image einer Organisation selbstverständlich auf das Vertrauensverhältnis auswirkt.

6.

BdP und Fachmedien

6.1 PR-Fachmedien im Vergleich

6.1.1 Themen und Relevanz

Inzwischen konkurriert eine Reihe von Fachmedien für den Bereich PR/OK um Aufmerksamkeit und Leserschaft. Wir wollten von den Befragten wissen, wie sie ausgewählte Fachmagazine im direkten Vergleich nach unterschiedlichen Kriterien einschätzen. Ein erstes Auswahlkriterium war die Bekanntheit der einzelnen Magazine bei den BdP-Mitgliedern.

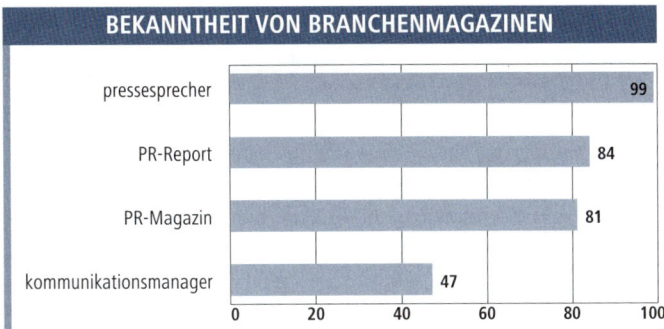

BEKANNTHEIT VON BRANCHENMAGAZINEN Abbildung 39

Anteil der Befragten, die angaben, die genannten Magazine zu kennen; Angaben in Prozent; n = 672

pressesprecher als das offizielle Magazin des Bundesverbandes deutscher Pressesprecher, kennen natürlich nahezu alle BdP-Mitglieder. Darauf folgen *PR-Report* und *PR-Magazin* mit 84 beziehungsweise 81 Prozent. Der *kommunikationsmanager* hingegen ist nur etwa der Hälfte der Befragten ein Begriff.

Wichtig bei der Beurteilung von Fachmagazinen ist die Relevanz der Themenauswahl. Hier sollten die Befragten entscheiden, wie relevant die Inhalte der einzelnen Periodika für ihre eigene tagtägliche Arbeit sind.

Magazin *pressesprecher* ist bei BdP-Mitgliedern das bekannteste Fachmedium.

Abbildung 40

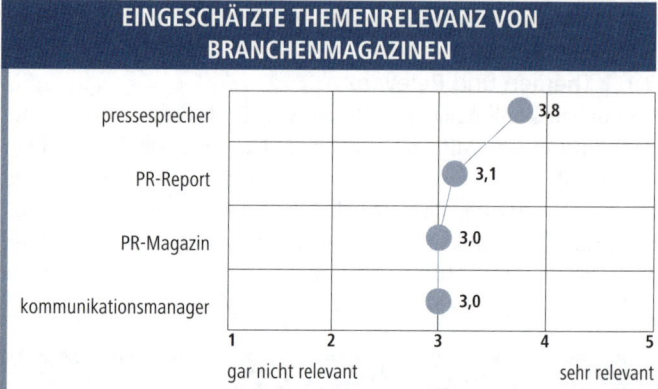

EINGESCHÄTZTE THEMENRELEVANZ VON BRANCHENMAGAZINEN

pressesprecher 3,8

PR-Report 3,1

PR-Magazin 3,0

kommunikationsmanager 3,0

| 1 | 2 | 3 | 4 | 5 |

gar nicht relevant · sehr relevant

Angaben in Mittelwerten (nur Befragte, die die Magazine jeweils kennen); anhand einer Skala 1 (gar nicht relevant) bis 5 (sehr relevant)

Die Themen im Magazin pressesprecher sind für die BdP-Mitglieder relevanter als die der anderen Fachmedien.

pressesprecher ist – so sehen es die Befragten – auf die Bedürfnisse der BdP-Mitglieder am besten zugeschnitten. Im Vergleich zu den anderen drei Fachmagazinen sind die hier behandelten Themen für die Befragten am relevantesten. Im Durchschnitt schätzen sie dieses Blatt mit 3,8 auf einer Skala von 1 (gar nicht relevant) bis 5 (sehr relevant) ein. Die anderen Magazine liegen hingegen alle etwa im Mittel von 3,0 – und damit deutlich niedriger.

Tabelle 24

EINGESCHÄTZTE THEMENRELEVANZ VON BRANCHEN-MAGAZINEN NACH ORGANISATIONSART

Relevanz	Gesamt	Unternehmen	Öffentliche/ staatliche Institutionen	Vereine, Verbände, Parteien
pressesprecher	3,8	3,9	3,8	3,5
PR-Report	3,1	3,2	3,1	2,7
PR-Magazin	3,0	3,1	3,0	2,8
kommunikations-manager	3,0	3,0	3,1	2,5

Angaben in Mittelwerten (nur Befragte, die die Magazine jeweils kennen); anhand einer Skala 1 (gar nicht relevant) bis 5 (sehr relevant)

Die besten Bewertungen erhält *pressesprecher* dabei von Kommunikationsverantwortlichen in Unternehmen. Etwas niedriger beurteilen ihn die Befragten aus Verbänden, Vereinen und Organisationen der öffentlichen Willensbildung. Allerdings schneiden dort alle Magazine etwas schlechter ab.

In Unternehmen beurteilen PR-Verantwortliche die Relevanz der der meisten Fachmagazine am positivsten.

6.1.2 Allgemeine Qualität

Wie schätzen die BdP-Mitglieder die allgemeine Qualität dieser Fachmagazine ein? Auch hier konnten die Befragten ihre Antwort mit Hilfe einer Fünfer-Skala abgeben – von sehr schlecht bis sehr gut.

EINGESCHÄTZTE QUALITÄT VON BRANCHENMAGAZINEN

Abbildung 41

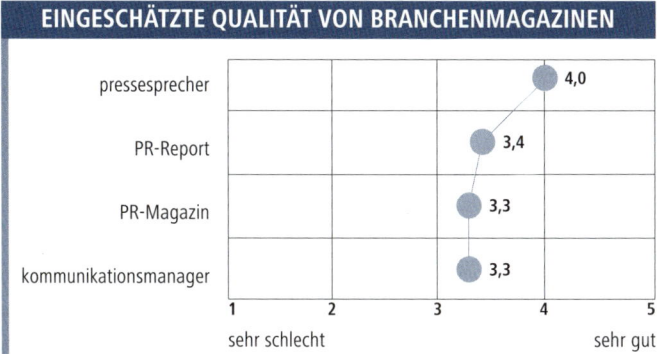

pressesprecher			4,0
PR-Report		3,4	
PR-Magazin		3,3	
kommunikationsmanager		3,3	

1   2   3   4   5
sehr schlecht   sehr gut

Angaben in Mittelwerten (nur Befragte, die die Magazine jeweils kennen); anhand Skala 1 (sehr schlecht) bis 5 (sehr gut)

Das gleiche Bild wie bei der Frage nach der Themenrelevanz zeigt sich auch bei der Einschätzung der Qualität. Auch hier schneidet *pressesprecher* mit Abstand am besten ab.

Tabelle 25

EINGESCHÄTZTE QUALITÄT VON BRANCHENMAGAZINEN NACH ORGANISATIONSART				
Relevanz	Gesamt	Unternehmen	Öffentliche/ staatliche Institutionen	Vereine, Verbände, Parteien
pressesprecher	4,0	4,0	4,0	3,9
PR-Report	3,4	3,4	3,4	3,3
PR-Magazin	3,3	3,3	3,4	3,3
kommunikations-manager	3,3	3,3	3,5	3,1

Angaben in Mittelwerten (nur Befragte, die die Magazine jeweils kennen); anhand einer Skala 1 (sehr schlecht) bis 5 (sehr gut)

Bei der Frage nach der inhaltlichen Qualität schneidet pressesprecher von allen Branchenmagazinen am besten ab.

Bei der Differenzierung der Befragten nach Organisationsart sind kaum Unterschiede zu verzeichnen. Auch bei allen Leitungs- und Hierarchieebenen entspricht die Einschätzung der Qualität dem Durchschnitt aller Befragten. Der Fairness halber muss angemerkt werden, dass bei der Bewertung der Magazine vermutlich auch ein „Mitglieds-" beziehungsweise „Loyalitätseffekt" eine Rolle spielt. Die bessere Kenntnis und Bekanntheit der „eigenen" Fachzeitschrift dürfte manche Verbandsmitglieder dazu veranlassen, hier bessere Werte zu geben. Bei einer Umfrage unter DPRG-Mitgliedern, die erst kürzlich abgeschlossen und vorgestellt wurde, hat die Zeitschrift *kommunikationsmanager* die besten Noten bekommen.

6.2 Der Bundesverband deutscher Pressesprecher: die Meinung der Mitglieder

Für den Bundesverband deutscher Pressesprecher als Auftraggeber der vorliegenden Untersuchung war es wichtig zu erfahren, wie seine Arbeit von den Mitgliedern eingeschätzt wird. Daher stellten wir den Teilnehmern abschließend noch die Fragen, wie zufrieden sie mit der geleisteten Arbeit und der Qualität seines Engagements sind.

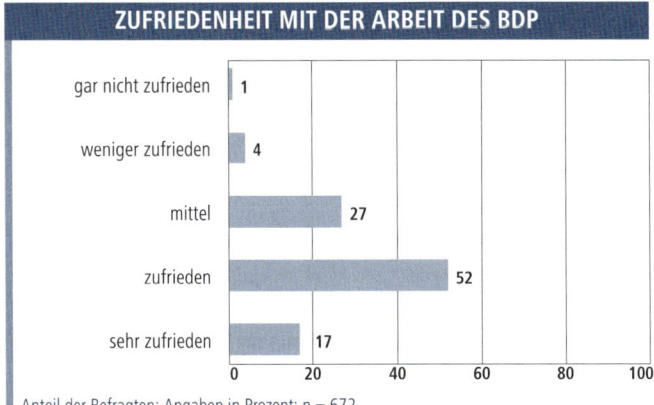

ZUFRIEDENHEIT MIT DER ARBEIT DES BDP

Abbildung 42

Anteil der Befragten; Angaben in Prozent; n = 672

Insgesamt sind die Mitglieder mit der Arbeit des Bundesverbandes deutscher Pressesprecher in hohem Maße zufrieden, was der Durchschnittswert von 3,8 – wieder ermittelt anhand einer Skala von 1 (gar nicht zufrieden) bis 5 (sehr zufrieden) – beweist. Von allen befragten Mitgliedern waren nur fünf – das entspricht etwa einem Prozent – mit ihrem Verband gar nicht zufrieden. Vier Prozent gaben an, eher weniger zufrieden zu sein. Der Anteil der Unzufriedenen ist demnach mit zusammen fünf Prozent ausgesprochen gering. Demgegenüber zeigen sich 52 Prozent der Befragten zufrieden und immerhin 17 Prozent sehr zufrieden mit der Arbeit des BdP.

Fast drei Viertel der BdP-Mitglieder sind mit der Arbeit ihres Verbandes zufrieden oder sehr zufrieden.

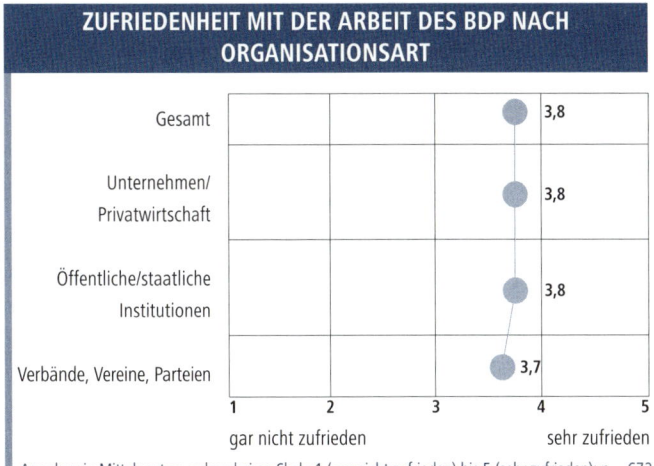

ZUFRIEDENHEIT MIT DER ARBEIT DES BDP NACH ORGANISATIONSART

Abbildung 43

Angaben in Mittelwerten; anhand einer Skala 1 (gar nicht zufrieden) bis 5 (sehr zufrieden); n = 672

Mitglieder, die mit ihrem beruflichen Umfeld sehr zufrieden sind, schätzen auch die Arbeit des BdP besser ein.

Unterschiede in der Einschätzung von Befragten in Abhängigkeit von der Organisationsart gibt es kaum.

Interessant ist allerdings Folgendes: Diejenigen, die in ihrem Beruf allgemein sehr zufrieden sind (vgl. Kapitel 4.4.2), schätzen auch die Arbeit des BdP positiver ein. Je zufriedener ein Mitglied mit seinem beruflichen Umfeld ist, desto zufriedener ist es mit der Arbeit seines Verbandes.

Zudem scheint der BdP Mitglieder mit Leitungsfunktionen noch etwas stärker anzusprechen: Gesamtleiter und Bereichsleiter schätzen die Arbeit des BdP im Durchschnitt mit 3,8 auf der Zufriedenheitsskala ein, Mitglieder ohne solche Leitungsfunktionen mit 3,6 etwas niedriger.

7.

Fazit

Profession Pressesprecher

Der durchschnittliche BdP-Pressesprecher in Deutschland ist 40 Jahre alt, verdient monatlich 6.370 Euro und arbeitet schon neun Jahre in seinem Job. Zu 60 Prozent ist „er" männlich, zu 40 Prozent weiblich, wobei Pressesprecherinnen 1.000 Euro pro Monat weniger verdienen. Pressesprecher sind hoch gebildet: 78 Prozent haben einen Studienabschluss vorzuweisen, neun Prozent sind darüber hinaus promoviert. Der durchschnittliche Pressesprecher ist mit seinem Beruf hochzufrieden und arbeitet weitgehend auf der Leitungsebene der Organisationen. Schon ein Viertel der Angehörigen dieses traditionellen Quereinsteigerberufs sind Ersteinsteiger, ein Drittel kommt aber auch weiterhin aus dem Journalismus. Pressesprecher verstehen sich als Mittler zwischen ihrer Organisation und der Öffentlichkeit, haben eine ethische Grundorientierung, sehen Fehler bei ihrer wichtigsten Bezugsgruppe, den Journalisten, aber auch bei einzelnen Angehörigen der eigenen Branche.

Dies sind einige der Ergebnisse der ersten Mitgliederbefragung des BdP, mit der dieser den Lehrstuhl Öffentlichkeitsarbeit/PR an der Universität Leipzig beauftragt hat.

Ziele, Methodik

Das öffentliche Bild vom Beruf des Pressesprechers ist eher diffus. Auch innerhalb des Berufsfeldes herrschen oft widersprüchliche Ansichten darüber, was ihn eigentlich kennzeichnet, welche Aufgabenbereiche und Tätigkeiten ihm zuzuordnen sind. Den Berufsstand zu „vermessen" war damit das Hauptziel dieser vom BdP in Auftrag gegebenen Studie. Unter „Pressesprecher", dem vom Bundesverband deutscher Pressesprecher verwendeten Oberbegriff für diesen Berufsstand, sind jedoch nicht nur Sprecher im engeren Sinn gemeint, sondern auch Leiter Unternehmenskommunikation, die zum Beispiel mehrere Pressesprecher unter sich haben, Leiter PR/Öffentlichkeitsarbeit, der Director Corporate Communications, die Leiterin interne Kommunikation und so weiter. All diese Bezeichnungen wurden unter dem Begriff PR/OK (Public Relations beziehungsweise Organisationskommunikation) zusammengefasst. Die Forscher verstehen darunter – wie international üblich – das Management von Informations- und Kommunikationsprozessen zwischen Organisationen und ihren verschiedenen Teilöffentlichkeiten. Dazu zählen unter anderem Presse- und Medienarbeit, interne Kommunikation, strategische Unternehmenskommunikation, Lobbying und Investor Relations.

Grundlage der Studie „Profession Pressesprecher. Vermessung eines Berufsstandes" bildete eine schriftliche Onlinebefragung aller ordentlichen Mitglieder des Bundesverbandes deutscher Pressesprecher. Die Befragten sind Verantwortliche für Kommunikation beziehungsweise für ein Arbeitsgebiet im kommunikativen Sektor von Organisationen verschiedenster Art. Einfache PR-Mitarbeiter sowie externe Berater oder Vertreter von PR-Agenturen wurden nicht befragt. Angeschrieben wurden alle Vollmitglieder des BdP – insgesamt 1.644 Personen (Stand: Juli 2005). 672 Pressesprecher und Kommunikationsverantwortliche aus ganz Deutschland beteiligten sich an der Untersuchung. Das entspricht einem Rücklauf von 41 Prozent, einem für schriftliche Befragungen nicht nur akzeptablen, sondern guten Wert. Vom 15. Juli bis 6. August 2005 war die Studie im Feld. Den Teilnehmern wurden 45 Fragen und Fragenkomplexe mit insgesamt 126 Einzelfragen vorgelegt.

Berufszufriedenheit und Stellenwert der PR in der Organisation

85 Prozent der befragten Kommunikationsverantwortlichen sind nach ihren eigenen Aussagen mit ihrem Beruf zufrieden oder sehr zufrieden. Vor allem eine hohe organisationsinterne Akzeptanz der PR/OK-Einheit und die Möglichkeit, sich nach professionellen Gesichtspunkten in die Organisationspolitik einbringen zu können, sind für die Befragten wichtig und wirken sich positiv auf deren Zufriedenheit aus. Höheres Einkommen spielt demgegenüber nur eine untergeordnete Rolle.

Dennoch ist auch Kritik zu hören: Ein Viertel der Befragten bemängelt fehlende Durchsetzungsmöglichkeiten und unzureichenden Einfluss; 30 bis 40 Prozent beklagen eine ungenügende Abstimmung innerhalb der Organisation oder ein ungenügendes Verständnis der Organisationsleitung für strategische Kommunikation.

Deutlich wird auch, dass Public Relations beziehungsweise Organisationskommunikation meist sehr hochrangig angesiedelt ist. In 78 Prozent der Fälle hat die PR/OK Führungsfunktionen inne. 58 Prozent der Befragten sind auf höchster Leitungsebene oder mit direktem Zugang zu dieser Leitungsebene angesiedelt, 20 Prozent unmittelbar darunter, aber mit zentraler Leitungsbefugnis. Die Studie kann auch mit der – immer noch von den Wirtschaftswissenschaften vertretenen Lehrmeinung – aufräumen, PR/OK sei als Teil der Kommunikationspolitik dem Marketing unterzuordnen. In den Organigrammen spiegelt sich das nur bei ganzen vier Prozent der BdP-Mitglieder wider. Bei der absoluten Mehrheit der Befragten – nämlich zusammen 75 Prozent – sind PR/OK und Marketing auf der gleichen Hierarchieebene angesiedelt, dabei in 23 Prozent zu einer Einheit zusammengeschlossen.

Einkommen und Budgetentwicklung

Interessant ist für jeden Berufsstand die Bezahlung. Die Befragten – als Teil der Organisationskommunikation – verdienen im Schnitt 6.370 Euro, die höchsten Einkommen gibt es dabei in der Privatwirtschaft. Die Unternehmensgröße ist für die Gehälter der Kommunikationsfachleute ein entscheidender Faktor – es liegt nahe, dass in größeren Organisationen auch höhere Gehälter gezahlt werden. Die Einkommen sind insgesamt überdurchschnittlich, Pressesprecher/innen verdienen zum Beispiel deutlich mehr als Angehörige anderer akademischer Berufe, beispielsweise Architekten, Bauingenieure, Chemiker oder „Publizisten", darunter fasst das Statistische Bundesamt auch Journalisten. Der Stellenwert von PR/OK in der Organisationshierarchie spielt für die Bezahlung eine Rolle: Je höher die Einheit angesiedelt ist, umso größer sind die gezahlten Einkommen.

Dass Frauen deutlich weniger verdienen als Männer, ist ein gesamtgesellschaftliches Phänomen, das sich auch in der Kommunikationsbranche spiegelt. Der Unterschied zwischen den Gehältern männlicher und weiblicher Berufsangehöriger beträgt im Durchschnitt 1.000 Euro brutto pro Monat und ist weitgehend unabhängig von Verantwortung und Berufsposition.

Insbesondere in der Privatwirtschaft ist das erfolgsabhängige Gehalt (59 Prozent) gang und gäbe. Der variable Anteil entspricht dort 17 Prozent.

Ein Indikator für Entwicklungen in einem Berufsfeld sind auch die finanziellen Ressourcen, die für entsprechende Aufgaben bereitgestellt werden. Danach gefragt, wie sich die PR-Etats in ihren Organisationen in den vergangenen Jahren entwickelt haben, zeigt sich bei insgesamt großer Stabilität der Budgets eine deutlich positive

Tendenz: Für 31 Prozent der Befragten sind die Budgets in den vergangenen fünf Jahren gestiegen, nur für ein Fünftel gefallen. Auch beim Blick in die Zukunft sind die BdP-Mitglieder verhalten optimistisch: 27 Prozent erwarten eine Budgetsteigerung.

Trends des Berufsfelds: Feminisierung, Akademisierung und berufliche Herkunft

Mit Blick auf die Gender-Strukturen belegen unsere Ergebnisse den schon lange beobachteten Trend zur Feminisierung des Berufsfeldes – der Anteil weiblicher Berufsangehöriger wächst. Zwar sind (noch) 60 Prozent der Befragten männlich, bei den unter 40-Jährigen ist der Anteil jedoch fast gleich.

Ein anderer Trend, den wir mit unserer Studie bestätigen konnten, ist die Akademisierung der Branche: Die Zahl der Akademiker nimmt zu, ein Hochschulabschluss ist bei jüngeren Befragten selbstverständlich. Abgänger geisteswissenschaftlicher Studienfächer sehen offenbar verstärkt Perspektiven in der Organisationskommunikation: 36 Prozent der BdP-Mitglieder haben solche Fächer studiert; Studiengänge wie Journalistik, Publizistik oder Kommunikationswissenschaft sind mit 14 Prozent vertreten. 43 Prozent der Befragten können auf eine spezifische PR-Zusatzausbildung oder Fortbildung verweisen.

Die Zahl der Pressesprecher mit journalistischem Hintergrund ist mit einem Drittel der Befragten nach wie vor recht hoch. Ein knappes Drittel machen aber auch die Direkteinsteiger aus. Sie haben das geringste Durchschnittsalter und markieren damit einen neueren Trend, der – zusammen mit der insgesamt hohen Bildung – wichtig für den Professionalisierungsprozess der Branche ist. Vermutlich werden in naher Zukunft die meisten Pressesprecher ohne „Umwege" in ihren Beruf finden. Das hat auch mit besseren Ausbildungsmöglichkeiten an Universitäten und Fachhochschulen zu tun.

Berufliches Handeln und Selbstverständnis

Bei einer Befragung von Pressesprechern und Kommunikationsverantwortlichen liegt es nahe, dass sich die beruflichen Aktivitäten vor allem auf die Medien beziehen. Journalisten sind dementsprechend die mit Abstand wichtigste Zielgruppe. Erfolg des beruflichen Handelns bezieht sich ganz entscheidend darauf, wie gut es gelingt, die Beziehung zu den Medienvertretern professionell und effektiv zu gestalten. Hier wird vor allem eine hohe (80 Prozent) und positive (93 Prozent) Medienresonanz als zentrales Erfolgskriterium genannt. Dabei ist hervorzuheben, dass es den Pressesprechern besonders um die Qualität dieser Beziehung geht. Vertrauen bei Journalisten zu erreichen ist für fast alle Befragten – 93 Prozent – unverzichtbar für eine erfolgreiche Tätigkeit. Dass außerdem 81 Prozent der befragten Kommunikationsverantwortlichen das Vertrauen wichtiger Bezugsgruppen in die eigene Organisation als entscheidendes Erfolgskriterium ansehen, macht deutlich, wie wichtig die Kategorie „Vertrauen" für die Organisationskommunikation ist. Vertrauensbildung sowie der Aufbau und Erhalt eines positiven Images der eigenen Organisation sind die entscheidenden Zielkategorien der Befragten. Für 63 Prozent ist aber auch die Verhinderung von Krisen und kritischen Themen im Vorfeld ein wichtiges Erfolgskriterium.

Gefragt nach ihrem beruflichen Selbstverständnis wird deutlich, dass es den BdP-Mitgliedern in ihrer Berufsrolle vor allem um Ausgleich und Dialog geht. 86 Prozent der Befragten verstehen sich als Mittler zwischen Organisation und Öffentlichkeit, nur 48 Prozent sehen sich als reine Interessenvertreter beziehungsweise Repräsentanten der Organisation. Offensichtlich vertreten die meisten Kommunikationsverantwortlichen ein dialogisches Verständnis von Public Relations, mit dem auch die Belange der Öffentlichkeit ernst genommen und gegenüber der eigenen Organisation deutlich gemacht werden. Knapp 60 Prozent verstehen sich als Berater der Organisationsleitung in kommunikativen Fragen. Das spricht für eine ausgeprägte Orientierung nach innen. Ähnlich prägnant ist in dieser Hinsicht die Tatsache, dass die Befragten interne Zielgruppen als besonders wichtig einschätzen – in den Unternehmen beispielsweise noch wichtiger als Kunden. Dem von außerhalb der Branche oft geäußerten Vorwurf, der PR komme es vorzugsweise auf das „Verkaufen" an – im Sinne von Werbung oder Marketing, kann mit diesen empirischen Belegen deutlich widersprochen werden.

Kooperation mit Journalisten

Unbestritten ist, dass die Zusammenarbeit mit Journalisten auch problematische Aspekte birgt. Die Beziehung ist einerseits von der Notwendigkeit professioneller Kooperation geprägt, andererseits tauchen aber auch immer wieder Probleme auf. Nur eine Minderheit von sechs Prozent der Befragten gibt an, dass ihnen Journalisten persönlich oft voreingenommen und ablehnend gegenübertreten. Fast alle Befragten sind hingegen überzeugt davon, dass ihre Zusammenarbeit mit Journalisten überwiegend problemlos verläuft – diejenigen, die in engem Kontakt zu Medienvertretern stehen, noch stärker. Offensichtlich wirken sich eine intensivere Zusammenarbeit und damit Routine im Umgang mit Journalisten positiv auf die Einschätzung der Beziehung aus.

Deutliche Kritik an der journalistischen Arbeitsweise äußern die Pressesprecher dennoch auf Basis eigener Erfahrungen: 34 Prozent sagen, dass Journalisten häufig nur an negativen Themen und Skandalen interessiert seien, 38 Prozent stellen oftmalige ungenaue und oberflächliche journalistische Arbeit fest, 46 Prozent halten diese häufig für zu schlecht über die Themen informiert, über die sie berichten müssen. Ganz offensichtlich hat man darüber hinaus in den Pressestellen und den anderen Kommunikationsabteilungen registriert, dass die gegenwärtige Medienkrise zu Einschnitten in den Redaktionen geführt hat.

Insgesamt glauben die Befragten, dass Journalisten ein ausgesprochen hohes Vertrauen in sie setzen. 93 Prozent glauben, die Medienvertreter hätten hohes oder sehr hohes Vertrauen in sie persönlich – übrigens ein deutlich höherer Wert als das vermutete Vertrauen in die eigene Organisation. Falls dieses Vertrauensverhältnis dennoch gestört wird, so sehen die Befragten den Hauptgrund dafür in einer widersprüchlichen Kommunikation innerhalb ein und derselben Organisation. Solche Diskrepanzen zwischen den Aussagen verschiedener Akteure belasten das Vertrauensverhältnis nach Meinung von 76 Prozent der BdP-Mitglieder stark oder sehr stark. Daraus wird deutlich, wie wichtig gegenseitige Abstimmung, strategische Planung und integrierte Kommunikation ist. Nicht umsonst wurde von vielen Befragten ungenügende Integration der Kommunikation bei der eigenen Organisation bemängelt. Selbstkritisch stellen die Befragten aber auch fest, dass unprofessionelles (71 Prozent) oder unethisches (66 Prozent) Verhalten einzelner Pressesprecher, Verschleierungstaktiken oder Werbelastigkeit von Public Relations ebenfalls als Ursachen für mangelndes Vertrauen von Journalisten in Frage kommen.

Berufsethik

In den Ergebnissen werden moralische Grundüberzeugungen der Branche deutlich. Zwar kennt nur etwa die Hälfte der Befragten wichtige ethische Richtlinien der Branche – wie den Code d'Athènes oder Code de Lisbonne, die beiden wichtigsten Ethik-Kodizes. Dies weist auf Ausbildungs- und Wissensdefizite hin, die zu beheben eine Verbandsaufgabe des BdP sein kann.

Konkret stellen 82 Prozent der BdP-Mitglieder fest, dass Pressesprecher nicht lügen dürfen, finden es aber gleichzeitig legitim, gelegentlich bestimmte Sachverhalte zu verschweigen. Elf Prozent sagen rigoros, dass Pressesprecher nie lügen dürfen, wohingegen eine Minderheit von sechs Prozent Lügen in bestimmten Situationen akzeptabel findet, zum Beispiel in solchen, in denen das kurzfristige Wohl des Arbeitgebers auf dem Spiel steht.

Insgesamt zeigt die Studie einen deutlichen Fortschritt innerhalb des Professionalisierungsprozesses dieser noch vergleichsweise jungen „Profession neuen Typs". Dass 69 Prozent der Befragten auch mit der Arbeit des BdP zufrieden oder sehr zufrieden sind, zeigt, dass dieser bei der Begleitung der Berufsangehörigen und als ihre Vertretung auf gutem Weg ist.

Anhang

Literatur

Becher, Martina (1996): Moral in der PR? Eine empirische Studie zu ethischen Problemen im Berufsfeld Öffentlichkeitsarbeit. Berlin.

Bentele, Günter (1994): Öffentliches Vertrauen – normative und soziale Grundlage für Public Relations. In: Armbrecht, Wolfgang/Ulf Zabel (Hrsg.): Normative Aspekte der Public Relations. Grundlagen und Perspektiven. Eine Einführung. Opladen.

Bentele, Günter/René Seidenglanz (2004a): Das Image der Image-Macher. Eine repräsentative Studie zum Image der PR-Branche in der Bevölkerung und eine Journalistenumfrage. Leipzig.

Bentele, Günter/René Seidenglanz (2004b): Vertrauen und Glaubwürdigkeit. Begriffe, Ansätze, Forschungsübersicht und praktische Relevanz. In: Bentele, Günter/Romy Fröhlich/Peter Szyszka (Hrsg.): Handbuch Public Relations. Wiesbaden. (i.E.)

Böckelmann, Frank (1991a): Pressestellen in der Wirtschaft. München.

Böckelmann, Frank (1991b): Pressestellen der Organisationen. München.

Böckelmann, Frank (1991c): Pressestellen der Öffentlichen Hand. München.

Börsenverein des Deutschen Buchhandels (2005): Berufsbild Pressesprecher. Profil und Bedeutung des Pressesprechers im Verlag. Frankfurt/Main.

Brauer, Gernot (2002): Wege in die Öffentlichkeitsarbeit. Einstieg, Einordnung, Einkommen in PR-Berufen. Konstanz.

Castells, Manuel (1996): The Rise of the Network Society. In: The Information Age: Economy, Society and Culture, Vol. 1. Oxford.

DiPiazza Jr., Samuel A./Robert G.Eccles (2002): Building Public Trust. The Future of Corporate Reporting, New York.

Fröhlich, Romy/Sonja B. Peters/Eva-Maria Simmelbauer (2005): Public Relations. Daten und Fakten der geschlechtsspezifischen Berufsfeldforschung. München/Wien.

Haedrich, Günther (1994): Aktueller Stand und Entwicklung der Öffentlichkeitsarbeit in deutschen Unternehmen. Ergebnisse einer empirischen Untersuchung. Arbeitspapier Nr. 29 des Instituts für Marketing der Freien Universität. Berlin.

Haedrich, Günther/T. Jener/M. Olavarria/S. Possekel (1995): Zur Situation der Öffentlichkeitsarbeit in deutschen Unternehmen. In: Die Betriebswirtschaft, 55.Jg., Nr. 5, S. 615-626.

Herger, Nikodemus (2004): Organisationskommunikation. Beobachtung und Steuerung eines organisationalen Risikos. Wiesbaden.

Luhmann, Niklas (1973): Vertrauen. Ein Mechanismus zur Reduktion sozialer Komplexität. Stuttgart.

Merten, Klaus (1997): Das Berufsbild von PR. Anforderungsprofile und Trends. In: Handbuch PR. [Gliederungspunkt 3.635 1-24]

Riefler, Stefan (1988): Public Relations als Dienstleistung. In: prmagazin, 19.Jg., Nr. 5, S.33-44.

Röttger, Ulrike (2000): Public Relations – Organisation und Kommunikation. Öffentlichkeitsarbeit als Organisationsfunktion. Eine Berufsfeldstudie. Wiesbaden.

Röttger, Ulrike/Jochen Hoffmann/Otfried Jarren (2003): Public Relations in der Schweiz. Eine empirische Studie zum Berufsfeld Öffentlichkeitsarbeit. Konstanz.

Zühlsdorf, Anke (2002): Gesellschaftsorientierte Public Relations. Eine strukturationstheoretische Analyse der Interaktion von Unternehmen und kritischer Öffentlichkeit. Wiesbaden.

Fragebogen

Organisation/Arbeitgeber

1. Zu Beginn unserer Befragung soll es um die Organisation gehen, in der Sie tätig sind.
Daher unsere erste Frage: In welcher Art von Organisation sind Sie tätig?*
Bitte kreuzen Sie unter den drei unten aufgeführten Möglichkeiten diejenige an, der Ihre Organisation am ehesten entspricht.

☐ Unternehmen/Privatwirtschaft

☐ Öffentliche bzw. staatliche Institution:
Organisation des Bundes, der Länder, Landkreise, Kommunen, bzw. Organisationen der Exekutive, Legislative, Judikative; öffentliche Hochschulen und Kultureinrichtungen

☐ Vereine/Verbände, Organisationen der öffentlichen Willensbildung:
u. a. Wirtschafts-/Branchenverbände, Gewerkschaften, Umwelt- oder Wohlfahrtsorganisationen, Politische Parteien

2. Wie viele Beschäftigte hat die Organisation, für die Sie gegenwärtig tätig sind?*

☐ bis 99
☐ 100 – 499
☐ 500 – 999
☐ 1.000 – 1.999
☐ ab 2.000

Pflichtfragen sind mit * gekennzeichnet

Berufsposition, beruflicher Alltag und Karriere: Berufsposition

3. Welche genaue Bezeichnung trägt die Stelle, auf der Sie gegenwärtig tätig sind?
Offene Frage

_____

_____

_____

_____

_____

_____

_____

Organisatorische und strategische Einbindung

4. Wo ist die PR/OK formal innerhalb der Organisationsstruktur angesiedelt?
Kreuzen Sie die Antwort an, die am ehesten auf Ihre Organisation zutrifft.

☐ auf höchster Leitungsebene
☐ als Stabsstelle/-abteilung auf Leitungsebene
☐ direkt unterhalb der Leitungsebene mit zentraler Leitungsbefugnis
☐ als gleichrangige Abteilung neben anderen
☐ bei unterschiedlichen Fachabteilungen
☐ einer anderen Abteilung unterstellt
☐ sonstiges

5. Wie hoch schätzen Sie den Beitrag der PR/OK zur strategischen Ausrichtung und Führung Ihrer Organisation ein?

1	2	3	4	5
sehr gering		mittel		sehr hoch
☐	☐	☐	☐	☐

Berufsposition, beruflicher Alltag und Karriere

6. Nachfolgend werden Ihnen einige Aussagen zum Berufsfeld PR/OK vorgestellt.

Bitte entscheiden Sie aus Ihrem beruflichen Alltag heraus, inwieweit Sie den einzelnen Aussagen zustimmen oder nicht.

	1	2	3	4	5
	stimme gar nicht zu				stimme voll und ganz zu
Oft fehlen meiner PR/OK-Abteilung die Durchsetzungsmöglichkeiten, um Verbesserungsvorschläge organisationsintern zu realisieren.	☐	☐	☐	☐	☐
Manchmal kommt man sich vor, als sei man die Verlautbarungsstelle des Vorstands/der Organisationsleitung.	☐	☐	☐	☐	☐
Die gesamte Organisationskommunikation ist häufig nicht genügend aufeinander abgestimmt.	☐	☐	☐	☐	☐
Manchmal fehlt der Leitung meiner Organisation noch das Verständnis für strategische und integrierte Organisationskommunikation.	☐	☐	☐	☐	☐
In kommunikativen Fragen berate ich die Organisationsleitung/den CEO und meine Ratschläge werden bei der Organisationsleitung berücksichtigt.	☐	☐	☐	☐	☐

Organisatorische und strategische Einbindung

7. Wie ist PR/OK formal innerhalb der Organisationsstruktur im Bezug auf das Marketing angesiedelt? Kreuzen Sie die Antwort an, die am ehesten auf Ihre Organisation zutrifft.*

☐ PR/OK-Einheit ist der Marketing-Einheit übergeordnet.

☐ Marketing- und PR/OK-Einheit sind auf einer Hierarchieebene gleichberechtigt und kooperieren eng miteinander.

☐ Marketing- und PR/OK-Einheit sind auf einer Hierarchieebene gleichberechtigt und agieren unabhängig voneinander.

☐ Marketing und PR/OK sind eine Einheit.

☐ Die PR/OK-Einheit ist der Marketing-Einheit untergeordnet.

☐ Anderes

8. Wie hat sich das Budget für PR/OK in Ihrer Organisation in den letzten fünf Jahren entwickelt? Das Budget ist insgesamt...

☐ gesunken

☐ etwa gleich geblieben

☐ gestiegen

9. Wie wird sich das Budget für PR/OK in Ihrer Organisation Ihrer Meinung nach in den nächsten Jahren entwickeln?

☐ Es wird sinken.

☐ Es wird etwa gleich bleiben.

☐ Es wird steigen.

Berufsposition, beruflicher Alltag und Karriere: Professionelles Handeln im Beruf

10. Wie hoch ist der durchschnittliche Aufwand, den die nachfolgend aufgeführten Tätigkeiten in Ihrem persönlichen Arbeitsalltag einnehmen. Bitte ordnen Sie den Tätigkeiten jeweils einen Zeitanteil zu.*

Bitte schätzen Sie jede einzelne Tätigkeit ein.

	1 kein Zeitanteil	2	3 mittel	4	5 sehr hoher Zeitanteil
Presse- und Medienarbeit/Kontaktpflege zu Journalisten	☐	☐	☐	☐	☐
Beratung der Organisationsführung	☐	☐	☐	☐	☐
Planung der Organisationskommunikation (strategische Kommunikationsplanung) Hausinterne Publikationen/Intranet	☐	☐	☐	☐	☐
Standardisierung der Kommunikation	☐	☐	☐	☐	☐
Erfolgskontrolle/empirische Forschung	☐	☐	☐	☐	☐
Planung/Durchführung von PR-Aktionen/ Kampagnen	☐	☐	☐	☐	☐
Administrative Aufgaben	☐	☐	☐	☐	☐
Verfassen von Reden	☐	☐	☐	☐	☐
Zielgruppenplanung	☐	☐	☐	☐	☐
Mediaplanung	☐	☐	☐	☐	☐
Internet-Auftritt	☐	☐	☐	☐	☐
Lobbying	☐	☐	☐	☐	☐
Sponsoring-Projekte	☐	☐	☐	☐	☐

11. Nachfolgend haben wir einige typische Ziele der PR/OK aufgeführt.
Welche Bedeutung haben diese Ziele für die PR/OK Ihrer Organisation?*
Bitte bewerten Sie jedes einzelne Ziel.

	1 völlig unwichtig	2	3 mittel	4	5 sehr wichtig
Aufbau und Erhalt eines positiven Organisationsimages	☐	☐	☐	☐	☐
Information und Motivation der Belegschaft	☐	☐	☐	☐	☐
Ansehen bei gesellschaftlichen und politischen Institutionen schaffen	☐	☐	☐	☐	☐
Organisation aus negativen Schlagzeilen heraus halten	☐	☐	☐	☐	☐
Transparenz über die Organisationspolitik schaffen	☐	☐	☐	☐	☐
Standardisierung des Organisationsauftritts (insbesondere Corporate Identity, Corporate Design)	☐	☐	☐	☐	☐
Trends und gesellschaftliche Entwicklungen erfassen	☐	☐	☐	☐	☐
Dialogmöglichkeiten mit interessierten Gruppen bereitstellen	☐	☐	☐	☐	☐
Schaffung günstiger Bedingungen am Finanzmarkt	☐	☐	☐	☐	☐
Einflussnahme auf Gesetzgebungsverfahren	☐	☐	☐	☐	☐
Vertrauen in die Organisation schaffen und erhalten	☐	☐	☐	☐	☐

12. Organisationen stehen in Beziehungen zu unterschiedlichen Anspruchs- und Zielgruppen. Welchen Stellenwert haben die folgenden Bezugsgruppen für die PR/OK Ihrer Organisation?*

Bitte beantworten Sie jeden Punkt

	1 sehr gering	2	3 mittel	4	5 sehr hoch
Journalisten/Medien	☐	☐	☐	☐	☐
Kunden, Lieferanten	☐	☐	☐	☐	☐
Mitarbeiter bzw. Mitglieder	☐	☐	☐	☐	☐
Führungskräfte der eigenen Organisation	☐	☐	☐	☐	☐
Politiker/staatliche Institutionen	☐	☐	☐	☐	☐
Aktionäre/Kapitalgeber	☐	☐	☐	☐	☐
Bürgerinitiativen, Umweltverbände und andere gesellschaftliche Gruppen	☐	☐	☐	☐	☐
Wettbewerber	☐	☐	☐	☐	☐

13. Ob PR/OK erfolgreich ist, hängt von vielen Faktoren ab und kann unterschiedlich beurteilt werden. Wir haben eine Liste mit möglichen Kriterien für erfolgreiche PR/OK zusammengestellt. Wir möchten von Ihnen wissen, wie wichtig die folgenden Kriterien für Ihre Organisation sind.*
Bitte bewerten Sie jedes einzelne Erfolgskriterium.

	1 völlig unwichtig	2	3 mittel	4	5 sehr wichtig
Hohe bzw. kontinuierliche Medienresonanz	☐	☐	☐	☐	☐
Positive Resonanz in den Medien	☐	☐	☐	☐	☐
Herstellung eines Dialogs zwischen Organisation und Bezugsgruppen	☐	☐	☐	☐	☐
Vertrauen der Bezugsgruppen in die Organisation herstellen und fördern	☐	☐	☐	☐	☐
Meinungsbildung von Journalisten beeinflussen	☐	☐	☐	☐	☐
Vertrauen bei Journalisten erreichen	☐	☐	☐	☐	☐
Politische Entscheidungen (die sich auf die Organisation auswirken) beeinflussen	☐	☐	☐	☐	☐
Ein wichtiges Thema in der öffentlichen Diskussion besetzen	☐	☐	☐	☐	☐
Krisen verhindern bzw. kritische Themen im Vorfeld abwenden	☐	☐	☐	☐	☐

Vertrauen in die PR/OK-Branche

14. Was glauben Sie: Wie groß ist das Vertrauen, das der PR/OK von der Bevölkerung und den Journalisten allgemein entgegengebracht wird?*

	1 sehr gering	2	3 mittel	4	5 sehr hoch
Vertrauen der Journalisten in die PR/OK allgemein	☐	☐	☐	☐	☐
Vertrauen der Bevölkerung in die PR/OK allgemein	☐	☐	☐	☐	☐

Berufsposition, beruflicher Alltag und Karriere: Berufliches Selbstverständnis

15. Welche der unten aufgeführten Umschreibungen von PR/OK charakterisiert am besten Ihr persönliches Selbstverständnis?*
Mehrfachnennungen möglich

☐ Mittler zwischen Organisation und Öffentlichkeit
☐ Sprecher der Organisation
☐ Interessenvertreter/Repräsentant der Organisation
☐ Aufklärer (im Hinblick auf soziale, technische, wirtschaftliche oder andere Sachfragen)
☐ Berater von Vorstand und Geschäftsführung
☐ Journalist in wirtschaftlichen und gesellschaftlichen Organisationen
☐ Sonstiges

Organisatorische und strategische Einbindung

16. Existieren in Ihrer Organisation (möglichst schriftlich) festgelegte Kommunikationsstrategien für Krisensituationen?

☐ ja
☐ nein

Berufsposition, beruflicher Alltag und Karriere: Ethisch-moralisches Beziehungsfeld

17. Journalisten haben Standesregeln (Pressekodex), in der Werbung gibt es ähnliche Handlungsrichtlinien. Was ist Ihrer Auffassung nach für das Berufsfeld der PR/OK erforderlich?

☐ PR-Praktiker brauchen keine spezifischen Berufsnormen.
☐ Es sollte Standesregeln geben, allerdings sollten diese weniger restriktiv sein als in Berufen mit vergleichbarer Verantwortung.
☐ Es sollte Regeln ähnlich wie in anderen Berufen mit vergleichbarer Verantwortung geben.
☐ Es sollte strengere Regeln geben als in anderen Berufen mit vergleichbarer Verantwortung.
☐ Es sollte deutlich strengere Regeln geben als in vergleichbaren Berufen. Sonst besteht die Gefahr, dass PR-Leute ihren Einfluss missbrauchen.

18. Muss ein Pressesprecher immer die Wahrheit sagen?

☐ Unter bestimmten Umständen (Anweisung des CEO, um negative Auswirkungen auf die Organisation zu verhindern) darf ein Pressesprecher auch mal lügen.
☐ Ein Pressesprecher darf nicht lügen, aber er darf bestimmte Sachverhalte bei seinen Äußerungen weg lassen.
☐ Ein Pressesprecher darf nie lügen.

19. Kennen Sie den Code d' Athènes oder den Code de Lisbonne?*

☐ Kenne die Inhalte gut
☐ Kenne die Inhalte flüchtig
☐ Kenne ich nicht

Zusammenarbeit mit Journalisten

20. Journalisten sind eine wichtige Bezugsgruppe von Organisationen.
Bitte schätzen Sie ein: Wie häufig ist Ihr Kontakt zu den Medien bzw. wie
eng ist Ihre Zusammenarbeit mit Journalisten insgesamt.*

☐ Keine oder kaum Zusammenarbeit mit Journalisten
☐ Seltene oder sporadische Zusammenarbeit mit Journalisten
☐ Häufige Zusammenarbeit mit Journalisten
☐ Sehr häufige Zusammenarbeit mit Journalisten
☐ Sehr intensive Zusammenarbeit mit Journalisten (z.B. häufige persönliche
   Kontakte bzw. häufig gemeinsame (persönliche) Gespräche mit wichtigen
   Medienvertretern)

21. Die Zusammenarbeit mit Journalisten ist für Pressesprecher/ Organisationskommunikatoren manchmal problematisch. Wir haben Ihnen nachfolgend einige Aussagen zu diesem Thema zusammengestellt.
Bitte geben Sie an, inwieweit diese Aussagen Ihrer persönlichen Erfahrung nach zutreffen oder nicht.*

Bitte bewerten Sie jede Aussage.

	1 trifft gar nicht zu	2	3	4	5 trifft voll und ganz zu
Journalisten sind häufig nur an negativen Themen/Skandalen interessiert. Darunter leidet die objektive Berichterstattung.	☐	☐	☐	☐	☐
Journalisten arbeiten oft ungenau und oberflächlich. So entstehen Fehler in der Berichterstattung (z.B. falsche Fakten/Zahlen, falsch geschriebene Namen etc.).	☐	☐	☐	☐	☐
Journalisten sind oft zu wenig über die Themen informiert, über die Sie berichten.	☐	☐	☐	☐	☐
Journalisten treten mir oft voreingenommen und ablehnend entgegen.	☐	☐	☐	☐	☐

22. Meine Zusammenarbeit mit Journalisten verläuft überwiegend problemlos.

1 stimme gar nicht zu	2	3	4	5 stimme voll und ganz zu
☐	☐	☐	☐	☐

23. Was glauben Sie: Wie groß ist das Vertrauen, das Journalisten, mit denen Ihre Organisation zusammenarbeitet, der PR/OK entgegenbringen?*

	1 sehr gering	2	3 mittel	4	5 sehr hoch
Vertrauen von Journalisten in die (Presse-) Arbeit Ihrer Abteilung.	☐	☐	☐	☐	☐
Vertrauen von Journalisten in Ihre persönliche Tätigkeit.	☐	☐	☐	☐	☐
Vertrauen von Journalisten in Ihre Organisation	☐	☐	☐	☐	☐

24. Wie hat sich Ihrer Meinung nach das Verhältnis zwischen Journalisten und PR/OK in den letzten Jahren verändert?

	1 trifft gar nicht zu	2	3	4	5 trifft voll und ganz zu
Journalisten sind (auf Grund von Krisensymptomen im Mediensektor) stärker von den Informationen der Organisation abhängig geworden.	☐	☐	☐	☐	☐

25. Wir haben hier einige Gründe zusammengestellt, die das Vertrauensverhältnis zwischen PR/OK und Journalismus belasten könnten. Bitte geben Sie jeweils Ihre Meinung dazu an, wie stark diese Gründe das Vertrauen von Journalisten in die PR/OK-Branche belasten.*

	1 trifft gar nicht zu	2	3	4	5 trifft voll und ganz zu
Unprofessionalität einzelner Pressesprecher	☐	☐	☐	☐	☐
Unethisches Verhalten einzelner Pressesprecher	☐	☐	☐	☐	☐
Affären (z.B. Hunzinger)	☐	☐	☐	☐	☐
Bindung von PR/OK an Entscheidungen der Organisation/Loyalität zum Auftraggeber	☐	☐	☐	☐	☐
Fehlende Transparenz des Berufsfeldes nach außen	☐	☐	☐	☐	☐
Ethische Richtlinien und Selbstkontrolle in PR/OK sind zu wenig bekannt	☐	☐	☐	☐	☐
Fehlinformationen/Verschleierungstaktik durch einzelne PR/OK-Tätige	☐	☐	☐	☐	☐
Widerspüchliche Kommunikation einer Organisation	☐	☐	☐	☐	☐
Werbelastigkeit von PR/OK	☐	☐	☐	☐	☐

26. Fallen Ihnen weitere Gründe ein? Tragen Sie diese bitte hier ein:
Offene Frage

_____

_____

_____

_____

_____

27. Was glauben Sie, wie Journalisten, mit denen Sie beruflich zu tun haben, Sie durchschnittlich einschätzen würden?

	1 trifft gar nicht zu	2	3	4	5 trifft voll und ganz zu
Seriös	☐	☐	☐	☐	☐
Ehrlich	☐	☐	☐	☐	☐
Der Gesellschaft gegenüber verantwortlich	☐	☐	☐	☐	☐
Gewissenhaft	☐	☐	☐	☐	☐
Professionell	☐	☐	☐	☐	☐
Offen	☐	☐	☐	☐	☐
Glaubwürdig	☐	☐	☐	☐	☐
Vertrauenswürdig	☐	☐	☐	☐	☐
Wahrheitsgemäß/Objektiv	☐	☐	☐	☐	☐
Loyal gegenüber dem Auftraggeber	☐	☐	☐	☐	☐
Dynamisch	☐	☐	☐	☐	☐

Berufsausbildung

28. Bitte geben Sie an, in welchem Fachgebiet Sie ein Studium (mit Hoch-
bzw. Fachhochschulabschluss oder gleichwertigem Abschluss) absolviert
haben. Bei mehreren Studien oder Studiengängen kreuzen Sie bitte Ihr
Hauptstudium an bzw. das Studium, auf das Sie sich hauptsächlich konzentriert haben.*

☐ Studium der Kommunikations- oder Medienwissenschaft, Publizistik, Jour-
nalistik
☐ Studium in einem anderen Bereich der Geistes-/Sozialwissenschaften
☐ Wirtschaftswissenschaftliches Studium
☐ Rechtswissenschaftliches Studium
☐ Sprachwissenschaftliches Studium
☐ Technisches, naturwissenschaftliches oder humanwissenschaftliches Stu-
dium
☐ Sonstiges Studium
☐ Kein Studium

29. Es folgt nun eine Liste mit Aus- und Weiterbildungsangeboten zu PR/OK
und verwandten Tätigkeitsfeldern. Bitte kreuzen Sie alle Ausbildungen an,
die Sie formell abgeschlossen haben.*

PR-Zusatzausbildung (berufsbegleitende PR-Kurse, PR-spezifisches Zusatz-
oder Nachdiplom etc.)
☐ ja
☐ nein

PR-Schwerpunktfach bzw. einzelne PR-Seminare im Studium
☐ ja
☐ nein

PR-Volontariat
☐ ja
☐ nein

Journalistisches Volontariat
☐ ja
☐ nein

Berufsposition, beruflicher Alltag und Karriere: Berufsposition

30. Sind Sie in Ihrem gegenwärtigen Beschäftigungsverhältnis... *

☐ ausschließlich im Bereich Kommunikation tätig
☐ auch mit anderen Aufgaben in Ihrer Organisation befasst

31. Sind Sie Leiter der gesamten PR/OK Ihrer Organisation?*

☐ ja (wenn ja ➤ 34.)
☐ nein

32. Sie sind nicht Leiter der gesamten PR/OK Ihrer Organisation. Sind Sie stattdessen aber Leiter eines Teilbereichs der PR/OK?*

☐ ja
☐ nein

33. In welchem Bereich der PR/OK sind Sie vorrangig tätig?*

☐ Presse- und Medienarbeit
☐ Investor Relations
☐ Interne Kommunikation
☐ Politische Kommunikation/Lobbying
☐ Anderer Bereich der PR/OK bzw. in mehreren Bereichen der PR/OK gleichzeitig
☐ Sonstiges

34. Für die Erforschung des Berufsfeldes PR/OK ist es von hoher Bedeutung, einen Durchschnittswert zu ermitteln, wie hoch das Einkommen in dieser Branche ist.
Daher bitten wir Sie darum, anzugeben, wie hoch Ihr monatliches Bruttoeinkommen (für ihre Tätigkeit im PR/OK-Bereich) im Jahresdurchschnitt ist?
Geben Sie Ihr Einkommen bitte auf 1000 EUR gerundet an.

_____ Wert

35. Welchen Anteil Ihres Einkommens nehmen variable, erfolgsabhängige Komponenten ein? Geben Sie diesen Anteil bitte in Prozent an, runden Sie auf ganze Prozentwerte.

Bei einem Festeinkommen ohne variable Komponenten tragen Sie bitte dementsprechend 0 ein.

_____ Wert

36. Wie lange sind Sie schon im Bereich PR/OK tätig? Runden Sie bitte auf ganze Jahre.*

Falls Sie weniger als 6 Monate beschäftigt sind, geben Sie 0 ein.

_____ Wert

37. Wie lange arbeiten Sie schon auf Ihrer jetzigen Stelle? Runden Sie bitte auf ganze Jahre.*

Falls Sie weniger als 6 Monate beschäftigt sind, geben Sie 0 ein.

_____ Wert

38. Welche berufliche Tätigkeit haben Sie wahrgenommen, bevor Sie im Bereich der PR/OK tätig wurden?*

☐ Ich habe schon immer im Bereich der PR/OK gearbeitet.
☐ Marketing/Vertrieb/Produkt-Management, Werbung/Verkaufsförderung
☐ Journalismus
☐ Wissenschaft
☐ Anderes

39. Wie zufrieden sind Sie mit Ihrer Tätigkeit im Bereich der PR/OK?*

1	2	3	4	5
gar nicht zufrieden		mittel		sehr zufrieden
☐	☐	☐	☐	☐

Der Bundesverband deutscher Pressesprecher

40. Dem Bundesverband deutscher Pressesprecher ist die Meinung seiner Mitglieder über die Qualität der bisher geleisteten Arbeit wichtig. Geben Sie bitte auf der nachfolgenden Skala an, wie zufrieden Sie mit der Arbeit des BdP sind.*

1	2	3	4	5
gar nicht zufrieden		mittel		sehr zufrieden
☐	☐	☐	☐	☐

Branchenmagazine im Vergleich

41. Wie relevant für Ihre eigene berufliche Tätigkeit ist Ihrer Ansicht nach die Themenauswahl der nachfolgenden Branchenmagazine?*

	1 trifft gar nicht zu	2	3	4	5 trifft voll und ganz zu	kenne ich nicht
Pressesprecher	☐	☐	☐	☐	☐	☐
PR-Report	☐	☐	☐	☐	☐	☐
PR-Magazin	☐	☐	☐	☐	☐	☐
Kommunikationsmanager	☐	☐	☐	☐	☐	☐

42. Wie schätzen Sie die allgemeine Qualität dieser Branchenmagazine ein?*

	1 sehr schlecht	2	3 mittel	4	5 sehr gut	kenne ich nicht
Pressesprecher	☐	☐	☐	☐	☐	☐
PR-Report	☐	☐	☐	☐	☐	☐
PR-Magazin	☐	☐	☐	☐	☐	☐
Kommunikationsmanager	☐	☐	☐	☐	☐	☐

Demographische Daten

43. Bitte geben Sie Ihr Alter an.*

_____ Wert

44. Bitte geben Sie Ihr Geschlecht an.*

☐ männlich
☐ weiblich

45. Was ist Ihr höchster Bildungsabschluss?*

☐ Haupt-/Realschule
☐ Abitur
☐ Studium
☐ Promotion

Die Autoren

Bentele, Günter, Prof. Dr., geb. 1948 in Heimkirch/Allgäu, Inhaber des Lehrstuhls für Öffentlichkeitsarbeit/PR am Institut für Kommunikations- und Medienwissenschaft (KMW) der Universität Leipzig. 1989 bis 1994 Prof. für Kommunikationswissenschaft/ Journalistik an der Otto-Friedrich-Universität Bamberg. Studium der Germanistik/Linguistik, Soziologie, Publizistikwissenschaft, Philosophie in München und Berlin. Promotion 1982, Habilitation 1989 an der FU Berlin. Seit 1980 Tätigkeit als Publizist und als PR-Experte/-Berater. Erster Vorsitzender der Deutschen Gesellschaft für Publizistik- und Kommunikationswissenschaft (DG-PuK), Vorsitzender in mehreren Jurys. 1998 Visiting Research Professor an der Ohio University Athens/Ohio; Gastprofessuren an den Universitäten Zürich und Lugano, Jyväskylä, Klagenfurt und Riga. Zahlreiche Publikationen zu den Themenbereichen Öffentlichkeitsarbeit/Public Relations, Kommunikationstheorie, Mediennutzungs- und Medienstrukturforschung, Ethik von Kommunikationsberufen, diverse unveröffentlichte Forschungsberichte, Herausgeber mehrerer Buchreihen.

Großkurth, Lars, geb. 1974 in Eschwege, Präsident und Gründungsmitglied des Bundesverbandes deutscher Pressesprecher (BdP). Seit 2002 Leiter Kommunikation und Presse der Reemtsma Cigarettenfabriken GmbH. 2000 bis 2002 Referent Presse und später Leiter der Öffentlichkeitsarbeit bei Reemtsma, Zuvor Studium International Business Studies in Dortmund und Dundee, Schottland.

Seidenglanz, René, M.A., geb. 1976 in Annaberg-Buchholz, Lehrbeauftragter für Public Relations am Institut für KMW der Universität Leipzig. Koordinator PR der LiSA GmbH, Agentur für Public Relations und Projektforschung am Institut für KMW, Leipzig; Beauftragter für PR/ÖA im Landratsamt Leipziger Land, Borna; Studium der Kommunikations- und Medienwissenschaft, Germanistik und Psychologie an der Universität Leipzig. Publikationen und Forschungsschwerpunkte im Themengebiet Kommunikation und Vertrauen sowie über das Verhältnis von Public

Relations und Journalismus. Promotionsvorhaben (mit Unterstützung der Medienstiftung der Sparkasse Leipzig) an der Universität Leipzig.

Der Bundesverband deutscher Pressesprecher (BdP)

Der Bundesverband deutscher Pressesprecher ist die berufsständische Vereinigung für Pressesprecher und Kommunikationsbeauftragte aus Unternehmen, Verbänden, Organisationen und Politik. Er vernetzt die Sprecherinnen und Sprecher und bietet ihnen Plattformen, um Meinungen, Erfahrungen und Wissen auszutauschen. Der BdP stellt mit seinen Fachmedien und Veranstaltungen Foren zur Verfügung, die aktuelle Entwicklungen und Themen in der PR-Branche abbilden und voranbringen. So hilft der BdP seinen Mitgliedern, Grenzen zwischen Branchen und Ländern zu überwinden.

Der Verband vertritt die Interessen seiner Mitglieder und bezieht in aktuellen Debatten, die den Berufsstand betreffen, öffentlich Stellung. Er hat sich in die Diskussion um die Autorisierung von Interviews eingeschaltet und für die Interessen der Kommunikationsbeauftragten in Urheberrechtsfragen stark gemacht. Der BdP hat außerdem Richtlinien für die Vergabe von Journalistengeschenken erarbeitet, ebenso für Situationen, die Gegendarstellungen in den Medien erfordern. Er ist Ansprechpartner in allen rechtlichen, inhaltlichen und anderen berufsspezifischen Fragen.

Der BdP betreibt aktive Imagearbeit für den Berufsstand, indem er das Berufsbild des Pressesprechers schärft, auch über die Kommunikationsbranche hinaus. Er verleiht so dem Berufsstand der Pressesprecher und Kommunikationsbeauftragten ein Gesicht. Er grenzt seine Mitglieder von verwandten Berufsgruppen ab und fördert so die Entwicklung eines klar definierten beruflichen Selbstverständnisses innerhalb des Verbandes ebenso wie in der Öffentlichkeit. Außerdem unterstützt er durch Weiterbildungsmaßnahmen den Kommunikationsnachwuchs und die Professionalisierung in der PR-Branche. So trägt er zur positiven Fortentwicklung des gesamten Berufsstandes bei.